道具としての経営理論

(株)ビジョン代表取締役
津崎盛久

ユニクロ、アップル、P&G、
楽天、アサヒビール、
成功企業の事例に学
「理論の使いこなし方

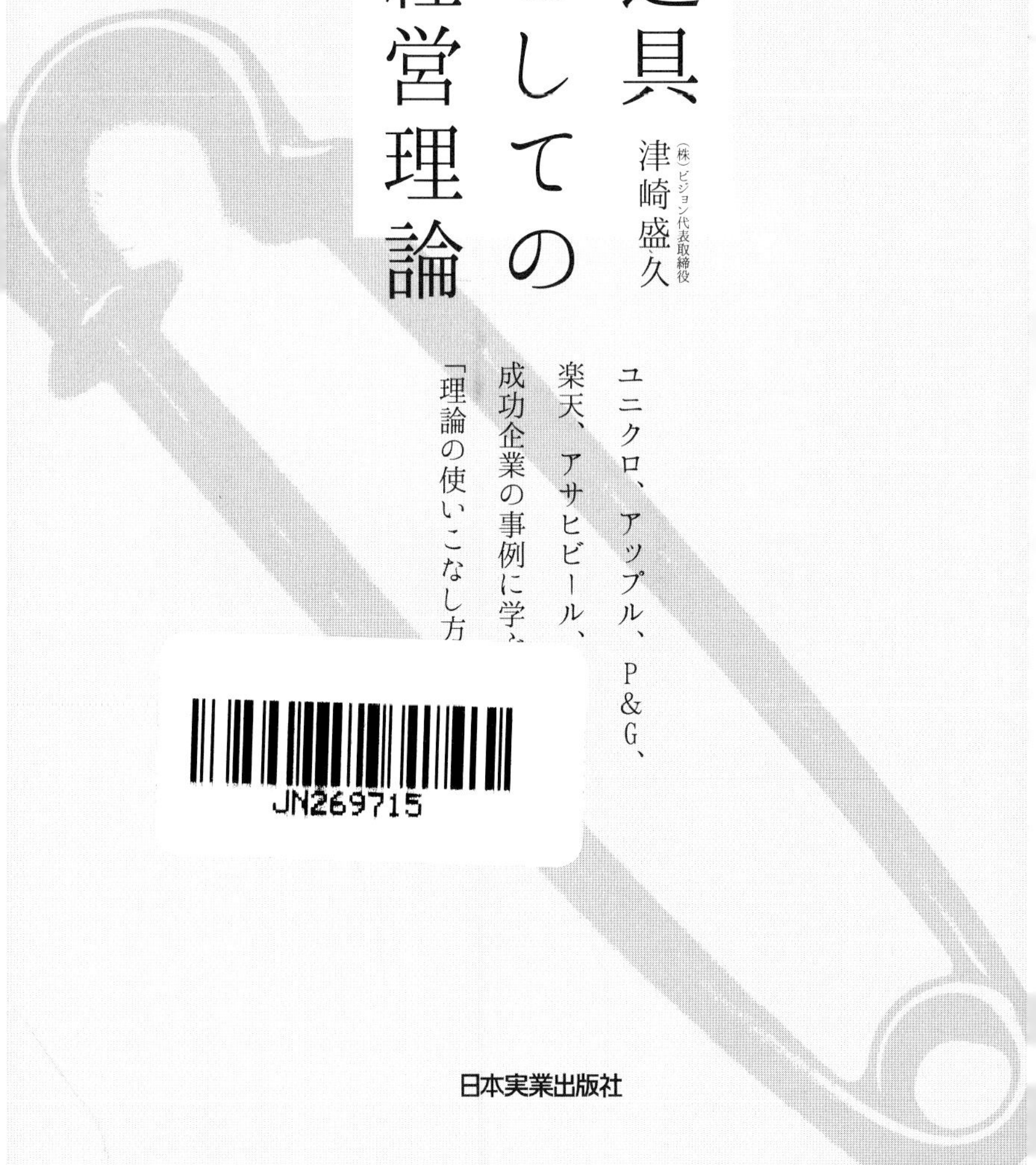

日本実業出版社

はじめに──振り返ってわかった「経営理論を実践で使いこなす」という経験

1987年、私は三菱商事の社員として、インドネシアの首都ジャカルタに三菱自動車の現地生産拠点・総販売代理店の経営を担うために正式駐在となった。

当時、インドネシアにおける三菱自動車のマーケットシェアは4位で、トップのトヨタとはかなりの差がついていた。しかし、かつてはトラックなどの商用車を中心にトップシェアを獲得したこともある。三菱商事の自動車本部にとって、重要戦略地域の1つであることに変わりはなかった。当時、28歳だった私は、7年間の駐在期間中に王者トヨタを抜いてトップシェア奪還を果たそうと決意していた。

「できる」という確信があったわけでも、経営理論を熟知していたわけでもない。むしろ理論は不得意なほうで、自信があるのは行動力だけ。私に利があるとすれば、国内と比べて若手社員の裁量・権限も大きい、行動力が結果につながりやすいビジネス環境だったこと。三菱自動車の現地生産拠点・総販売代理店では、生産部門、企画部門、販売部門と満遍なく担当し、自動車ビジネスに必要な総合的な経験を積んでいったことだ。

「シェアトップの王者トヨタにどうやったら勝てるか？」を毎日考え、インドネシアのスタッフとミーティングを重ねた。最後に行き着いた結論が、インドネシアのスタッフ主体でチームワークを最大化する「現地化」戦略だったのである。

日本人主体の経営では、トヨタの総合力に到底およばない。可能性があるとすれば、少ない経営資源を最大化してチームワークで勝つしか方法がなかったというのが正直なところだ。インドネシアのマーケットは現地の人々が熟知している。現地スタッフに権限を委譲し、大胆に任せる方式を採用した。「どうやってライバルに立ち向かい、マーケットを占有すればいいのか、みなさんも一緒になって考え、教えてほしい」と訴えたのだ。

現地の三菱系ディーラーに対するインセンティブも全面的に見直した。インドネシアの人たちに教育の機会を提供し、自分の頭で考えて行動するよう自立を促した。

私たち日本人が、本気で彼らを対等な仲間として尊敬、信頼していることが伝わったのか。彼らは受身の姿勢から、貴重な「人材」として驚異的な成長を見せ、日本人である私たちでは思いもしないアイデアが次々と出てきた。地元で人気の歌手を呼んだイベントを開催したところ、その場で30台の乗用車が売れたこともあった。

そして、チームワークの最大化というゴールに取り組み始めてから4年目、ついに王者トヨタからトップシェアの座を奪還することができたのだ。もちろん、これは関係者みなの功績であり、私に関しては経営に対する能力があったわけではなく、たまたま得意分野のセールス、マーケティングの仕事に、海外という実践主体の仕事の進め方が合致したからだ。また、三菱グループがそれまでに現地で築いてきた実績やネットワークも威力を発揮した。

私が経営理論、具体的にはＭＢＡ（Master of Business Administration）を学び始めたのは、インドネシアから帰国後の30代も半ばを過ぎてからだった。インドネシアで倒産した三菱系ディーラーの責任をとらされる事態になり、社内で孤立する状況に陥ってしまったことが直接的なきっかけだった。「現状を打破するには自分を変えていくしかない」と思い、ＭＢＡの勉強をスタートさせた。

ＭＢＡは、企業の経営に役立つ実践的な戦略などを学問として修得したことへの認証であり、「経営学修士」と訳される。約2年の間にマーケティング、アカウンティングなど40〜60単位の修了を義務づけられる場合が多い。欧米の有名な大学でのＭＢＡは、その取得の難しさと、世界のビジネス界に広がる同窓生の人脈をも含め、ビジネスエリートのパスポートと称される。

主に自分の経験や勘などに頼る仕事の仕方をしていた私は、「これまでがむしゃらにやっていたことは、こういう意味だったのか！」「あのときの成功・失敗は、ある意味、必然であったのか！」など、「目から鱗《うろこ》」の連続だった。いったん腑《ふ》に落ちると、私はMBAの勉強にますます没頭していった。MBAの勉強を通じてわかったことは、それまでの私は、自分の得意分野のみで仕事をしていたということである。つまり、経営、マーケティング、人心掌握、モチベーション、チームワークなどの「実践」に強く、インドネシアでもこの分野で勝負できる状況だったから、成功したに過ぎなかったということだ。

経営理論を身につけた今では、インドネシアでの戦略が理に適っていたことがわかる。**企業の経営資源は、主に「ヒト」「モノ」「カネ」の3つに分けられる。**クルマの車種（モノ）、投資できる資金力（カネ）では、トヨタに勝てない。しかし、現地スタッフ、現地ディーラーを巻き込んだ人材（ヒト）に集中して強化したからこそ、トヨタに勝てたのだ。チームワークを最大化できた戦略のポイントは、現地スタッフの人材マネジメントに関する理論と実践である。人材マネジメント（第7章を参照）では、個人、集団、組織の３つの切り口でマネジメントする必要があり、振り返ると私たちは結果的に全体を網羅する効率的な施策を打っていたように思う。

一方、私にはファイナンスやアカウンティングなど、欠けている部分も多かった。しかし、MBAを学ぶ過程で、それらを補うことができた。理論と実践の両輪をバランスよく回す力を身につけていった私は、自分の枠が、能力がどんどん高まっていく感覚を体感している。これが後に、**「両輪理論」**（第1章を参照）という考え方に結実することになる。

商社マンとしての仕事と継続しながら、約5年間をかけてグロービスが提携する英国立レスター大学MBAを取得。大前研一氏が率いるビジネス・ブレークスルー執行役員（豪ボンド大学MBA統括担当）を経て、2004年に「ビジョンとMBA教育を通じて、ビジネスパーソンの個の確立をサポートする」というビジョンを掲げて起業した。

私は本書で、**経営理論を実践で使いこなして結果を出すための基本的な考え方、具体的な方法論**について、企業実例（ケーススタディ）も踏まえつつ、できるだけわかりやすい形で提示したつもりだ。経営理論は、決して「机上の空論」でも、経営者にのみ必要とされるスキルでもない。私の例を持ち出すまでもなく、日々のビジネスの現場で効率的にかつ効果的に目標を達成することを求められ、次代の経営を担うすべてのビジネスパーソンが身につけておくべき必須スキルである。

全編を通して、私はとくに読者の方々が**「経営の全体像を理解すること」**に心を砕いた。というのも、私自身、マーケティングなどの個別の科目を学んでも、なかなか経営の全体像を理解できなかったからだ。そこで本書では、「結果を出す」という経営の目的を達成するための理論と実践、経営理論の詳細、事業計画との一連のつながりなども示しつつ、経営の全体像をとらえることができるよう配慮した。

最終的に、国際標準の経営理論という新たな道具を手にして、自社の経営課題や担当業務の目標達成に取り組み、遠回りすることなく結果を出せるようになってもらえたならば、著者としてこれ以上の喜びはない。

津崎盛久

2012年3月

第1章 なぜ、経営理論を使いこなせないのか？

――机上の空論でやり過ごされる11の理由

第2章 クリティカル・シンキング

——本質に迫る問題解決の考え方 ［ユニクロ］

第3章 経営戦略

——企業理念を形にする事業計画の作り方 ［アップル］

第4章 マーケティング
——市場を制す売れる仕組みの作り方［P&G］

第5章 アカウンティング
——限られた経営資源で成果を生むお金の回し方［楽天］

第6章

ファイナンス

——チャンスを活かす将来への投資の決め方 ［アサヒビール］

第7章 人材マネジメント
――個人の力を最大化する組織の作り方［グーグル］

装丁　渡邊民人（TYPE FACE）
本文デザイン・DTP　二ノ宮匡（TYPE FACE）
構成　清水泰（ハッピー・ビジネス）

※本書は次の点を考慮して制作しています。

1　本書の内容は、私が代表取締役を務める（株）ビジョンで運営している「ベーシックMBAプログラム」の内容（レクチャーや受講生とディスカッションを行なった内容も含め）に準拠して解説している。

2　本書の内容を制作する背景には、私自身がグロービスやレスター大学MBAで学んだ内容や、（株）ビジネス・ブレークスルー時代に事務局として関わったBOND－BBT MBAプログラムの内容、各種公開されている企業事例ケース、各種文献、インターネットによる情報などがあり、これらをもとに、企画・開発・運営している内容で構成されている。

3　「○○の企業は、あるいは、○○のビジネス（事業）は、こんな経営理論を使っていた」という表現については、「経営戦略は厳密には複合的なものであるため、検証が難しい」ものではあるが、各種経営理論を読者の方々に理解してもらうことを第一に考え、意図的に用いている。

4　時間の経過とともに社会情勢なども変化するなか、基本的には時代を経て残っている経営理論が重要であり、できる限りそれらを採用するように配慮している。また、同様の考え方で、本書内で取り上げる企業事例（ケース）については、ある程度評価が定まったものを取り上げている（そのため、ケースによっては、年代が古いものも含まれる）。

第1章

なぜ、経営理論を使いこなせないのか？

——机上の空論でやり過ごされる11の理由

1 経営理論を十分に理解していない

「経営理論は、本当に実際のビジネスで役立つのか?」

このような議論が、いまだになされていることが私には残念でならない。その議論は経営理論について本で読んだり、知識として持ってはいても、十分に理解、活用していない企業・ビジネスパーソンがいかに多いかということを意味している。もちろん、私も含めてＭＢＡ（経営学修士）を学んでいる人は大勢いる。しかし、実際のビジネスシーンで使いこなせていると言える人は、どれだけいるのだろうか。この不毛な議論が成立している現状が、そのことを雄弁に物語る。

まず、現実のビジネスと経営理論の関係を考えてみたい。ビジネスは市況や競合他社の出方といった変動要因に加えて、政治、経済、社会情勢の変化（リーマン・ショック、欧州の金融経済危機など）、天災（東日本大震災、タイの洪水など）という要因も絡んでくるため、未来を確定して考えることはできない。したがって、頭で考えた経営理論はさほど役に立たないというのが、否定派・懐疑派の根拠の1つとなっている。

ビジネスには、絶対的な正解もなければ、半年、1年先でも何が起こるかわからない。よって、不確実な未来に対して最善の手を打つために、「確実ではないが、おそらくこうなるだろう」という仮説が必要になる。ビジネスや事業を維持、成長させていくには、現時点で未来を「見える化」した仮説を立てて、投資の決断などを行なわねばならないからだ。

たとえば、3年後に操業する新工場建設の投資を決める判断は、操業時以降の需要予測などの仮説に基づく。当然、往々にして、仮説は実際とはまったく違ったものになったりする。しかし、それこそリスクを極小化し、何が起こっても大丈夫なように備えるのが事業計画であり、それを支える考え方の体系が「経営理論」である。そのような意味で**「経営理論」とは、ビジネスでバランスのとれた意思決定をするための原理原則であり、ビジネスという正解のない活動のなかで、最善策を求める思考法**と言える。

「経営理論」によって導き出された仮説や事業計画を持つ経営上のメリットは、ほかにもある。何かあった場合の原因分析が容易になり、さらにそれをたえず修正していくことで、よりよい策を講じて、成功裏にものごとを終える確率が高まる。仮説や事業計画の精度、言い換えれば**「未来を読む力」**が向上していくわけだ。

そして現実のビジネスでは、戦争のような状況が頻繁に生まれる。どの業界であれ、市場にどのようなニーズがあり、それに合わせてどのような商品やサービスを開発・生産し、どのような戦略や施策で販売・提供していくか。競合との戦いを制して勝ち残っていくには、中長期的な大局観を持って経営効率を追求しながら、短期的には商品・サービスをいかにスピーディーに市場に浸透させるか。つねに繊細にして複雑、また大胆な決断が求められる。企業（事業部）は、目先の仕事だけではなく、**全体を俯瞰・把握して、整理し、分析を行ない、組織として重複・矛盾しない戦略的な行動**で目標達成に挑まなければ勝利はない。

このように「経営理論」の意義を言葉にすれば、至極当然のことになるが、この本質を十分に咀嚼《そしゃく》していない企業、ビジネスパーソンは、当然のことながら経営理論を使いこなせていない。

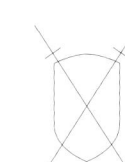

2 経営理論を学ぶ目的が明確でない

企業経営における経営理論の役割を明らかにするには、まず「企業とは」「経営とは」をあらためて定義する必要がある。企業とは、広い意味で「社会の公器」である。企業は、私たち個人1人ひとりの生活を豊かにするためにできたという成り立ちを考えれば、究極的には、「個人を幸せにし、社会を発展させるべき公の器」と言えよう。ただし、もう少し狭めると、「すべてのステークホルダー（企業の利害関係者。顧客・社員・経営陣・株主・取引先・金融機関など）に、成功をもたらし、幸せにするための機関」と定義できる。

そして本書では、経営（マネジメント）とは**「組織の力（チームワーク力）をマキシマイズ（最大化）すること。ステークホルダーの力を結集して、限られた経営資源で最大限の結果を出すこと」**と考える。社長以下、社員全員のチームワークをいかにして最大化させ、結果を出すか。これが「経営」の目的となる。

1-1 企業の6つのステークホルダー

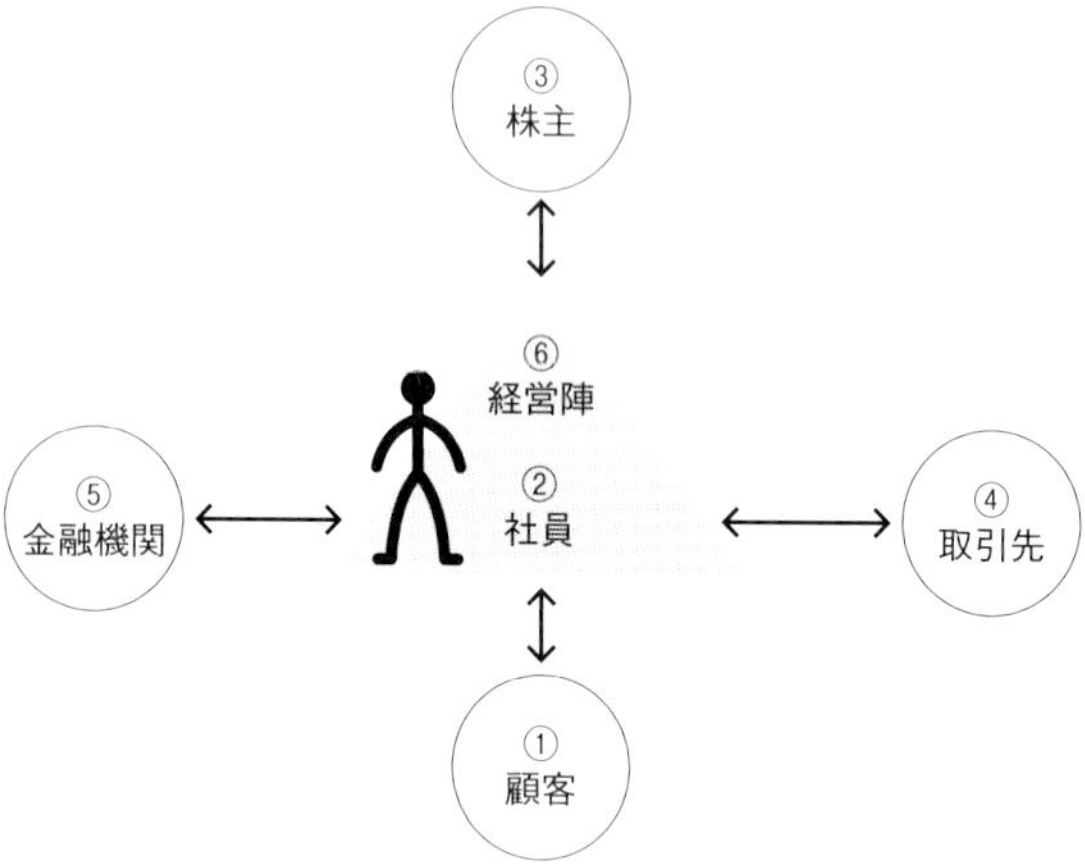

この定義に従うならば、経営幹部やリーダーとなるビジネスパーソンは組織力の最大化に貢献するために、次のようなことを学ばなければならない。

1 「ビジョン・経営理念」を理解する
2 ビジョン・経営理念に沿って策定された「経営戦略・事業計画」を理解する
3 「理論」と「実践」を理解する
4 理論を実践で使いこなすために、どのような「スキル」「能力」が必要かを理解する

しかし、多くの日本企業では、そのような考え方に基づく人材育成はあまり行なわ

れてない。本書では、基礎的経営理論の6科目を取り上げる。これらはMBAの1年目の基礎科目にあたり、ほとんどのビジネススクールで学ぶ経営理論である。では、企業が行なうビジネス・事業の本質を踏まえて、経営理論というものが、どのような位置づけで活用されているかを考えてみよう。企業経営（マネジメント）のなかで、企業は本来何もないところから、事業の未来について仮説を構築して、経営戦略を立案する。その基礎となるのが「経営理論（経営の考え方）」であり、「経営理論」は、経営の要諦である「ヒト」「モノ」「カネ」で分けて、活用される。そして、企業は経営戦略を実行し、成功させるうえで、「ヒト」「モノ」「カネ」をコントロールしていかなければいけない。その際に、「経営理論」を使いこなして、結果（成功）に結びつける必要がある（図1－2）。

たとえば、基礎となる経営理論は、次の6つの科目からなる（図1－3）。

・全体としての考え方の基本を学ぶ　クリティカル・シンキング
・ヒト　人材マネジメント
・モノ　経営戦略、マーケティング
・カネ　アカウンティング、ファイナンス

1-2 企業の経営理論

Ⅰ 理論
経営戦略の立案 ⟶ Ⅱ 実践
経営戦略の実行 ⟶ Ⅲ 結果
（成功）

Ⅰ 理論

① 企業は、本来何もないところから仮説を構築して、経営戦略を立案する。その基礎となるものが「経営理論」である。
② 「経営理論」は、経営の要諦となる「ヒト」「モノ」「カネ」からなる。

Ⅱ 実践

① 企業は経営戦略を実行し、成功させるために、「ヒト」「モノ」「カネ」を実践し、コントロールしていかなければならない。
② その際に、「経営理論」を使いこなして、結果（成功）に結びつける必要がある。

「ヒト」「モノ」「カネ」を網羅的に学ぶことで、経営理論の基本を体系的に習得することができる。このことで、ビジネスの全体像を理解できるようになる。ビジネスパーソンにとって、ものごとを**「俯瞰する能力」**は極めて重要である。ビジネスを回していくには、その全体像を俯瞰、把握し、具体的な経営の問題を総合的に判断したうえでの決断を迫られる。そのために、これらの6科目を網羅的に習得して、経営の全体像をつかむ能力にまで高めることが必須となる。

　あるいは、経営理論を端的に表現すると、**「ビジネス（事業）の過去・現在を**

1-3 事業計画策定のための経営理論

分析することで、ビジネス（事業）の未来を予測するもの」とも言える。

そのためには、未来の事業計画（グランドデザインから予算まで）を作らねばならない。その考え方の骨子となる、**事業計画の作成**には、**経営戦略**で経営の大きな枠組みをとらえ、**マーケティング**で「商品・サービスが売れる仕組み」を考え抜き、それらを**アカウンティング**、**ファイナンス**の「定量（数値）分析」に落とし込み、最後に「ヒト（社員）がどのように実行していくか」を**人材マネジメント**を駆使して計画に落とし込む。このような経営理論を学ぶ目的を理解していなければ、使いこなせないのは自明の理だ。

3 経営理論は「机上の空論」という誤った認識

「経営理論」とは、経営で成功したケース、失敗したケースをもとに、その本質的な部分を体系化し、形式知として言語化、フレームワークにしたものである。いわば、**経験則を可視化することで、経営の土地勘をつかみ、ビジネスが成功する確率を高めるツール（手段、道具）**である。

この点からも決して机上の空論などではない。なかでもＭＢＡは、アメリカにおいて企業経営を科学的なアプローチでとらえた、非常に実践的な学問である。もともとは長年、研究職に携わっていたエンジニアなどが、急にマネジャーになった際、経営（マネジメント）について何もわからずに苦労したことから、「転ばぬ先の杖《つえ》」として発達した。

ビジネス・事業に正解はなく、何が起こるかは、実際にはやってみないとわからない（正確には、転んでみないとわからないが）。しかし、転ぶ前に仮説を持っていれば、転んだ

1-4 両輪理論

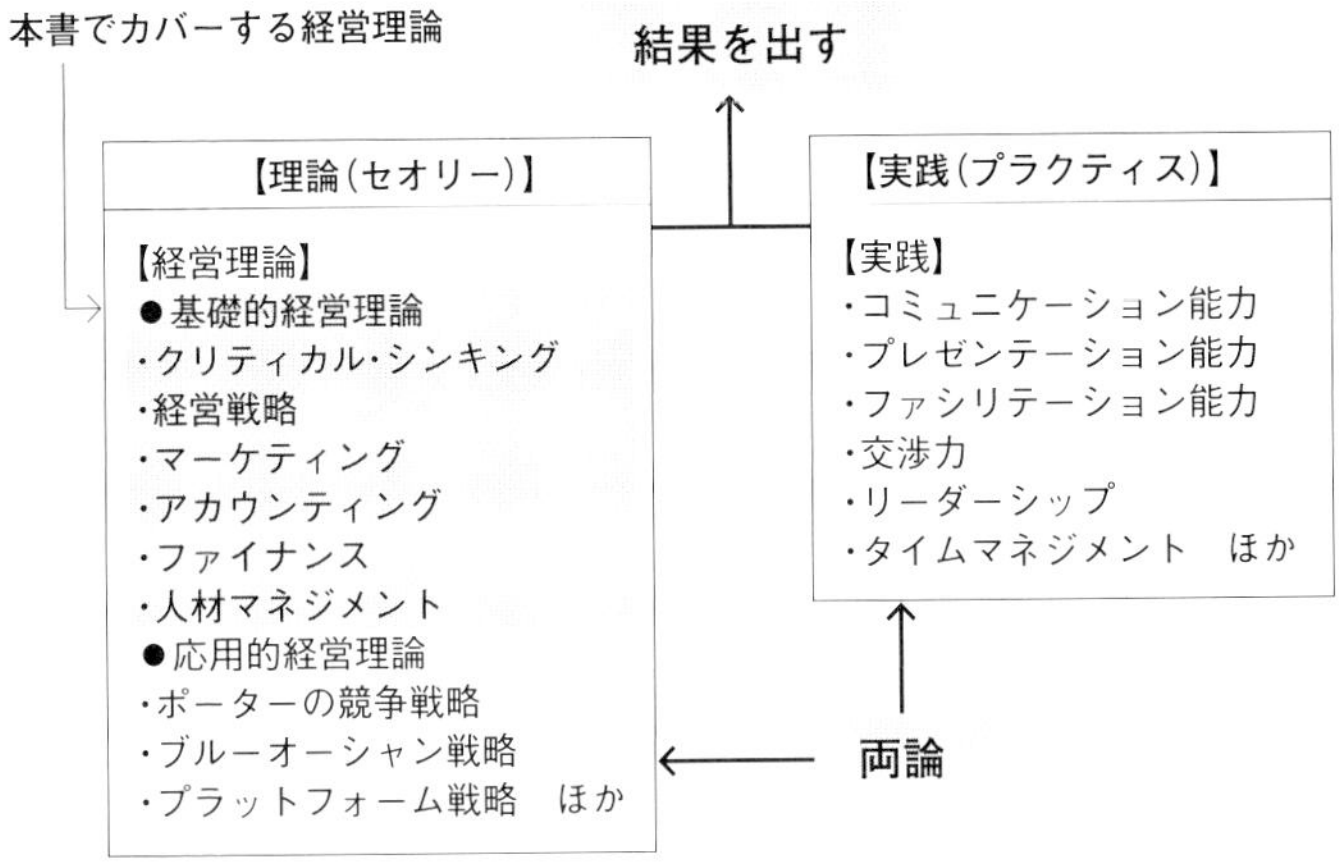

としてもその意味がわかるだろう。そして、転んだ後の対処の仕方もわかるはずだ。経営理論は、ビジネスの現場で使うことを前提に発展してきた経緯があり、次のような使われ方を想定している。

・すべての事象は、理論と実践が表裏一体
・たとえば、リーダーシップであれば、リーダーシップの理論と実践がある
・経営理論は、ツール（道具）として理解し、実践で使いこなすことで完結する
・この理論と実践がうまく回れば、ビジネスで結果を出すための経験値となる
・経験値が増えることで、理論を使いこなす精度が上がる

私はこの理論と実践で結果を出す考え方を、「両輪理論」と呼んでいる。アカウンティングやファイナンスの理論はわかっていても、自分が働いている会社の財務諸表が読めない、意味することがわからない、というケースは意外と多い。これでは、経営理論を身につけたとは言えない。

たとえば、**「ポーターの3つの競争戦略」**は有名な経営理論の1つである。他社との関係で競争優位を築くために、ポーターは3つの基本戦略として、**「①コストリーダーシップ戦略」「②差別化戦略」「③集中戦略」**を挙げており、外部・内部分析の結果を十分考慮し、どの戦略が有効であるかを判断する。しかし、実際のビジネス・事業において、この3つの基本戦略のなかから、どの戦略が自社の置かれている状況に適切かという判断ができず、知ってはいるものの結果としてうまく使いこなせないことは少なくない。

経営理論を実際のビジネスに取り入れて成功している企業の1つとして、星野リゾートが挙げられる。星野リゾートは、老舗の温泉旅館から日本各地でリゾートを運営するまでに成長した。経営者である星野佳路《よしはる》社長はアメリカでMBAを取得した後に、父から経営を引き継ぎ、そこでとった施策は「教科書通りにやってみよう」ということだった。つま

1-5 ポーターの3つの競争戦略

①コストリーダーシップ戦略　②差別化戦略　③集中戦略

		戦略の有利性	
		顧客から特異性が認められる	低コスト地位
戦略ターゲット	業界全体	②差別化戦略	①コストリーダーシップ戦略
	特定セグメントだけ	③集中戦略	
		差別化集中	コスト集中

り、教科書（経営理論）通りの経営で成功を収めているわけだ。

星野社長は、就任直後に「ポーターの3つの競争戦略」をビジネスに適用した。顧客の旅行スタイルの変化に対応するためには、競合の動向を見極め、競争から抜け出す戦略をとる必要があり、3つの戦略のなかから、「集中戦略」と「コストリーダーシップ戦略」を選択した。まず、ターゲットを個人客に集中し、効率を高めてコストを下げると同時に、上質なサービスを提供した。結果として、競合との差別化となる高級旅館として再生への道を歩んでいった。理論と実践をつなげているケースがあることが、何よりも説得力を持つはずだ。

4 理論と実践のバランスが偏っている

「確かに経営理論は学ぶべき価値があるとしても、優先すべきは理論よりも、実践する力ではないのか」という意見もあるかもしれない。

ビジネスは、**マネジメント（経営そのもの）**と**オペレーション（現場）**に大きく分かれる。前述したＭＢＡのルーツとして挙がったエンジニアの話ともつながるが、ものごとは自分で実践して試行錯誤してみないと身につかない。しかし、失敗する理由や、そのリスクなどが理論としてあらかじめわかっていれば、身につき方は何倍にも高まり、深まる。

ビジネスパーソンは、当たり前のことだが、仕事で結果を出すことを求められる。結果を出すには、「理論と実践（セオリー＆プラクティス）」が欠かせない。これらが車の両輪のようにバランスよく回転して、初めて結果をコンスタントに出すことができる。これは、どちらに偏ってもダメで、両方が高いレベルになければならない。その際に、経営理論はあくまでツール（道具）であり、これをいかにうまく使いこなすかが結果を出す分かれ目となる。

「はじめに」でも少し触れたが、ＭＢＡで学んだことが少しずつ自分のものになってきた当時、私はマレーシアの国策自動車会社・プロトン（三菱自動車の合弁事業先）のビジネスを担当するマネジャーだった。そのプロトンがイラクにタクシー用として、マレーシアで組み立てた車両を３０００台輸出することになったが、日本側の三菱自動車・三菱商事では大問題となった。なぜなら、イラクは日本にとって禁輸先であり、プロトン製自動車には、日本製の部品が組み込まれるからだ。納期の猶予がないなか、経済産業省の認可が必要になったりと、かなり神経質な対応を要求されていた。

私はみながやりたがらない仕事を率先して引き受け、政府認可などの仕事も無事クリアして、納期通りに仕事をやってのけた。このプロジェクトは私の「理論と実践」の結集であり、三菱商事での最後の仕事となった。

経営理論がどう役に立ったのかについて少しお話ししたい。まず、実際の理論の前に、経営理論を学ぶプロセスでさえ、目の前の仕事にも大いに結果を出す力へとつながった。ＭＢＡの講義では、履修時につねにレポート作成を要求される。**言語化するスキル**が高まったことで、社内稟議、三菱自動車とプロトンとのやりとり、経済産業省とのやりとりなどが、非常に効率的にできた。

そして本題だが、経営理論を習得したことにより、鳥が空から見渡すように**全体像を見渡す力**がついていた。したがって、このプロジェクトの全体像、つまり、何が問題でその解決法はどのようなものかが推測できた。このケースなら「ヒト」「モノ」「カネ」のうち、「ヒト」が問題の本質だから、人材マネジメントの理論が適用でき、この仮説で取り組めばこういう方向性に進む。その場合は、こんな戦略で解決を図ればいい、などと予測できるようになっていた。

実際に、プロトンとの交渉では、三菱自動車・三菱商事の経営視点からの考え方などを伝えて、そもそも難しいプロジェクトであるとの理解を得ることができた。社内の関係部局への説明（本プロジェクトの遂行意義など）も的確なものとなり、最短で稟議を通すことができたのだ。いわば、「針の穴を通すような仕事」を納期を守りながら短期間でやり抜くことができた。

また、未来という時間軸も含めた全体をいくらか把握できているので、多少の事態の変化にも動揺することなく、冷静に、的確に読み、事前に想定した対応策を講じることで軌道修正を図れるようになる。私はもともとの強みであった実践する力に、経営理論が加わった結果、能力のそれぞれが整理され、総合的な**問題解決力**が飛躍的に増したのである。

とくに、第2章で詳述する「クリティカル・シンキング」が効果的だった。イラク向けの輸出は通常行なわない仕事なので、前例がない。白紙の状態から戦略を考える必要があり、クリティカル・シンキングの「ゼロベース思考」などが非常に役立った。理論と実践のバランスが重要であることを、身をもって感じた。

5 応用問題を解いた経験値が少ない

経営理論が本当に役立つものであるなら、学んだビジネスパーソンや企業がビジネスで成功するはずだが、なぜ必ずしもそうなっていないのだろうか？ **「ビジネスは三位一体（理論、実践、結果を出す）で1つのサイクル」**となることを理解していても、実際に経営理論を使いこなせていない企業・ビジネスパーソンが多い事実を踏まえると、この**「理論と実践」の間に横たわっているもの**には、かなり大きな溝があるのかもしれない。

ここで「理論と実践」に横たわる溝について話していくうえで、端的な例として「結果を出しているMBAホルダー」と「結果を出せないMBAホルダー」の特徴を見てみたい。

ビジネスで結果を出しているMBAホルダーの経営者などを分析した結果、次のような共通点が浮かび上がってきた。また、結果を出せないMBAホルダーのコンサルタントの事例も合わせて考えてみたい。

結果を出しているMBAホルダー

まず、ビジネスで、一番重要なことを押さえている。つまり、**自分のビジョン（理想）・ミッション（使命）が明確である。**これは、「何のために、ビジネスをするか」というコアになるものであり、このコアな部分がブレないからこそ、「結果を出す」ことが可能になる。また、つねに根っことなるコアな部分に照らして（立ち返って）、合理的に、生産的に、効率的に仕事をしている。

次に、自分のことをよく理解できている。**自分の強み・弱みなどを明確に理解しており、強みに効率的に集中し、弱みを他者と協力するなどして補っている。**このように、考え方や行動が合理的であり、このため説得力や安定感がある。また、「経営の最適化は、チームワークの最大化である」ことをよく理解しているうえで、自らの力を注ぎ、かつチームの一員として貢献している。

経営の王道・定石を理解して、実践でもきちんと活かせている。また、**仕事のプロセスを定期的にメンテナンスしており、そのフィードバックを忠実に実行に移している。**これらを総合的に行なっているからこそ、会社員であれば、部署での実績を上げることで評価され、経営者であればマーケットのニーズをすくい上げて業績を伸ばしているのがそれである。

結果を出せないMBAホルダー

他方、結果を出せないMBAホルダーは、その逆ということになる。具体的に、あるMBAホルダーが企業にコンサルタントとして入り、うまくいかなかった事例をもとに考えてみることにしよう。ある中小企業が、業務プロセスに問題があるために、なかなか効率的な経営ができずに困っていた。そこで、経営コンサルティング会社に依頼して、業務の改善を図ることになった。そのコンサルタントはアメリカの有名大学のMBAホルダーで、面談時の論理的な話しぶりを信頼して、経営者は仕事を依頼することにした。

そのコンサルタントは、経営者をはじめ、すべてのスタッフにインタビューを行ない、業務改善の準備を整えた。そこまではよかった。しかし、話を進めていくうちに、そのコンサルタントは、頭脳明晰で経営理論をよく理解してはいるものの、机上の論理や理想論ですべてがうまくいくかのような物言いしかできなかった。

業務を改善していくには、実際に担当しているスタッフたちが、そのコンサルタントの

1-6 経営理論を使いこなす

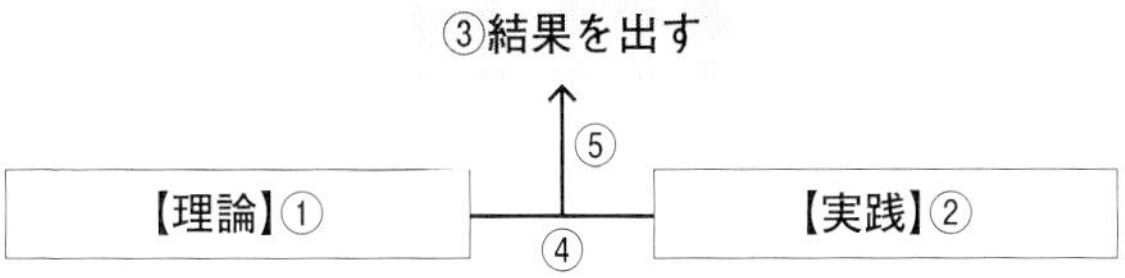

【理論】 ＋ 【実践】 ＝ 結果を出す
（①） （④） （②） （⑤） （③）

「経営理論を使いこなす」＝「③結果を出す」には、→
①理論を学ぶ
②実践をする
④「理論と実践をつなぐもの」を持つこと
（改善の経験値が高く、その度合も大きいこと）
⑤「両輪（理論・実践）と結果をつなぐもの」を持つこと
（適切な目標を設定し、理論と実践のサイクルを繰り返す）

分析結果や改善方針を信頼して、関係者みんなが同じ方向に進む必要がある。しかし、「理論的にはこうあるべき」のような話が多く、実務の何をどのようにやれば、本当に結果が出るのか、という納得性の高い業務改善の内容にはならなかった。

また、売上を上げるための施策について、「最初に売上ありき」の改善案となり、商品の企画・開発をあせってしまったため、品質的な問題が生じてしまい、結果として会社に大きな損失をもたらしてしまった。これは「学んだ理論を活かせない」典型的な事例である。それこそ、クライアントのニーズをきちんとすくい上げていなかった。

この例でなくても、「理論」と「実践」のそれぞれが十分にあっても、それらの溝を埋める「つなぎ」がないために、結果が出ないことは多くある。このことは、数学の問題を解くことを考えるとイメージしやすい。数学の問題は公式をいくら覚えていても、応用問題が解けないケースがよくある。それは、応用問題を実践で解く経験値が足りないからだ。つまり、応用問題はそれを解くプロセスで、さまざまな手を打たなければならない。そのプロセスでは、どの状況で、どの公式が最適かなどをはじめ、答えというゴールに向かって**本質を読み解く洞察力**なども要求される。その力をつけるには、難問も含めて数多くの問題を解くしかない。これはビジネスにおいても同様で、経営理論という公式を使いこなせるようになるまでには、**実践を積み重ねてその精度を上げる訓練が必要となる**。

では、この「理論」「実践」「理論と実践のつなぎ」がうまくいっている人は、どんな人たちだろうか。たとえば、つねに高い確率で成功を積み重ねているユニクロの柳井会長や楽天の三木谷会長、ローソンの新浪剛史社長のような人たちだ。このような人たちは、そもそも理論をきちんと理解しており、かつそれを実行に移す能力も極めて高い。このサイクルを若い頃から実践で磨き続けた結果、人よりも成功の確率を高めているという見方ができる。

6 理論を実践に落とし込む能力が不足している

ビジネスで結果を出すことの意味と、そのための「セオリー&プラクティス」は理解できた。しかし、それだけで十分だろうか？　そこに足りないものとは何だろうか？　それは「理論を実践にいかに落とし込むか」である。

先に、変動要因が多いために実践することが難しいとの仮説を紹介した。たとえば、マーケティングの販売に絞って考えると、理論である４Ｐの「Promotion（販売促進）」について、あなたが知っているとしよう。それを頭で理解していても売上が上がらないケースが多々あるのはなぜだろうか？

この場合、「販促の理論をタイミングよく実行できていない」ことが考えられる。これは料理にたとえると、わかりやすいだろう。料理でもプロセスに抜けがあったり、タイミングよく焼いたり、調味料を振るなど調理ができなければ、おいしい料理ができるはずがない。ただし、「言うは易し行なうは難し」。理論（頭で考えたこと）を、いざ実行に移すには、さまざまな**「実践に落とし込む能力」**が必要になる。

具体的には、次のようなものだろう。たとえば、あなたが自動車メーカーで販売店を統括する役割を担ったとする。そしてこのたび、全国一斉の販促キャンペーンを行なうことになった。その場合に、必要な実践する能力とは次のようなものとなる。ただし、ここで断っておく必要があるが、必ずしもこれらを1人だけでこなす必要はない。チームとして実践に落とし込むことができればよいのだ。

全国の販売店をまとめて、販促キャンペーンを展開するには、「それを何のために行なうか」という**目的を明確にする**。一定期間販促を行なったら、どのような効果が見込めるかを説明し、販売店が**同じベクトルに向かい**、「車がたくさん売れるという結果を出さねばならない」。

ここで、販促の経営理論を自分が深く理解し、さらには**具体的な意見としてチームに提案し、浸透させる**ことが必要になる。前提として、チームの現状のレベルを推しはからなければならない。そして、販促統括担当として、自分の言葉で目的を語り、情熱をもって、協力を呼びかける。いわば、**コミュニケーション能力**や**プレゼンテーション能力**と言われるものだ。

また、提案した意見をもとに、チームが機能的に動くには、**ファシリテーション能力**なども必要になるだろう。ベクトルを同じくするべく、**まとめる力**である。その際に、GOサインを出すための、**判断力**や**決断力**などもなければ、進む道を誤ってしまう。さらには、人を動かす**交渉力**、**リーダーシップ**によって、初めて結果を出すことが可能になる。もっと言えば、**強い意志**、**人望**、**ユーモアのセンス**、**大局観**、**ビジョン**、**高い志**などが、どれほどの結果につながるかの要因となるだろう。

これに政治、経済などの変動要因が加わるのだから、「実践して結果を出すこと」が、いかに難しいか。このような理論を実践することに必要な能力が不足しているために、使いこなせないケースは少なくない。

いずれにしても、まず個人の能力を磨くこと。そして、それだけでなく、志や情熱によって、全体を動かしていくしかない。いわば、クルマでいうエンジンやボディは立派なものだとしても、動かすためのガソリンや運転のスキルがなければならない。

7 リスクをとって結果を出す勇気がない

理論を実践をするにあたって、不確実性の部分をポジティブにとらえるか、ネガティブにとらえるかの差が大きいことがわかる。経営理論を道具として使いこなすには、たとえ実践に落とし込む能力があっても、リスクをとって行動に移す勇気も必要になる。その勇気をもってある一線を乗り越えなければ、「結果を出す」という成果は得られないからだ。そのプロセスを追っていくと、次のようになる。

1 理論を実践に移すには、やってみるしかない（実行）
2 ものごとは、やってみて初めて結果が出る
3 ただし、実践しても、当然のことながら、必ずしも理論通りの結果にはならない
4 これをリスク（不確実性）と言う

5 このため、リスクをおそれる人は実行しない
6 他方、リスクをおそれない人は、実行する
7 実行することで、理論と現実（実践）のギャップがわかる
8 そのギャップがわかれば、やり方を修正し、改善を図ることができる
9 改善を繰り返し結果が出るまでやれば、当然のことながら、結果が出る（成功する）
10 結果を出す人は、この経験値が高く、改善の度合いも大きく、失敗が少ない

ソフトバンクの孫正義社長なども、「世界に情報革命を起こす」とのビジョンを掲げて、そのギャップを埋めるべく、次から次へと実行に移している。その積極果敢な経営がほかを圧倒しているのは、手数の多さ、大胆な決断など、ひと言で言えば「勇気」ある行動が集約されたものといえる。

8 適切な目標設定をしていない

では、実行する勇気があるのに、ビジネスで結果が出ないという場合、何が欠けているのだろうか？　ここで今一度「結果を出す」ということを、もう少し掘り下げてみたい。「結果を出す」とは、ビジネスでは「業績を上げる」とも言える。業績の典型的な例は、次のようなものである。

・世の中に必要とされる商品・サービスを社会に提供できていること
・売上を上げて、コストを削減して、利益を上げていること
・事業を維持、成長させていること
・ステークホルダーに貢献していること。自己資本を効率的に回転させて、ＲＯＥ（自己資本利益率＝企業の収益性を見る指標の１つで、当期純利益を自己資本で除したもの。

自己資本がどれだけ効率的に使われているかを見るもので、これが高いほど収益力が高い）を高くできていること

・最終的には、社会に貢献できていること

これらを実現するためには、適切な目標を設定する必要がある。経営理論をきちんと理解し、実行しても結果が出ない原因として、**高過ぎるハードルを飛び越えようとしているケースが多い**。

たとえば、現状1メートルのハードルを越える力があるのなら、少し上の1メートル20センチを目標に設定して、改善なども行ないつつ目標を達成していく、というイメージだ。1メートル20センチの目標設定を何度かクリアしたら、改善を加えながら、1メートル40センチ、1メートル60センチというように目標の設定を上げていく。

結果を出す人は、成功体験を積み重ねることで、目標設定も、より理想と現実の距離が近いものとなり、その結果、失敗も少なくなる。いわば、PDCAのサイクルが回り出し、結果を出すための精度が高まるのだ。

9 「数字が読めない経営者」と「数字しか読まない経営者」がいる

経営理論を使いこなせない要因の1つとして、**経営の状態を「定性分析」と「定量分析」のどちらかに偏ったとらえ方をしがち**という点が挙げられる。これを噛み砕いて言えば、「儲かりそう」「いい感じ」など抽象論でとらえる傾向が強い経営者。その一方で、決算書をはじめとして目の前の数字のみでしか判断しない経営者という二極化である。

一般的には、「数値化が可能な分析は定量分析」を用いて、「数値化が難しい質的な分析は定性分析」を用いるとされている。しかし、定性的な分析にも、計数的な技術を用いて管理指標を明確にし、定量的な分析に変換できるものも少なくない。逆に定量分析も、その達成イメージを具体化するために、定性的に表現することも可能である。つまり、**定量分析と定性分析は表裏一体の関係であり、そのバランスが重要となる。**

では、「数字が読めない経営者」(定性分析の比重が大きい)と「数字しか読まない経営者」（定量分析の傾向が大きい）の典型を挙げながら、２つのパターンの特徴について見ていきたい。

数字が読めない経営者

数字が読めない経営者について、ストレートに言えば「経営者たり得ない」となる。たとえば、アカウンティング（ＢＳ、ＰＬ、ＣＳ）と、ファイナンス（ＷＡＣＣ、ＰＶ、ＮＰＶ）の定量指標が理解できない（詳細は、第５章、第６章を参照）などがそう。

これらの指標は、事業計画（予算）などの経営計画に欠かせないため、経営に携わる者が理解できていなければ、企業の現在地はもちろん、過去にたどった道程、未来の行き先をはじめ、事業計画（予算）を把握していないことになる。

このように、数字が読めない経営者は、定量的な指標が理解できないため、定性的な指示を出さざるを得ない。これをわかりやすくすると、次のようになる。

・定性的な指示　「この1年間で売上、純利益をもっと増やそう」

↓　社員は、何をどこまですればよいかがわからない

・定量的な指示　「この1年間で売上100億円と純利益10億円を達成しよう」
↓　社員は具体的に理解できる

定性的な指示ばかりだと、結局、感覚や勘に頼らざるを得ず、経営が安定しない。ノルマなどを数字でがんじがらめにされるのも社員に嫌がられるかもしれないが、曖昧な目標では、いずれ社員も愛想をつかして離れていくだろう。

数字しか読まない経営者

数字しか読まない経営者もまた、「経営者足り得ない」と言える。アカウンティングやファイナンスの定量指標を理解できる。これは企業の過去、現在、未来を数値としては把握していることでもある。ただし、その数値を形にするのは社員である。たとえば、次のような問題が発生する。

・定量的な指示　「この1年間で売上100億円と純利益10億円を達成しよう」

↓ 定量の目標を提示できるので、社員は具体的に目標を理解できる
↓ ただし、「結果（数値）」しか見ずに、社員のモチベーションを理解していないと、目標となる数字だけが一人歩きする可能性もある

詳しくは人材マネジメントの章で触れるが、社員は、数値目標だけでなく、1人の人間として尊敬、信頼されることで、モチベーションが上がる。感情にも訴える経営ができなければ、社員はついてこない。結果として、経営者だけでなく社員を含めて、ビジョンや理念よりも数字を追いかけるラットレースのような状態に陥りやすい。

これらの事例からも、経営・マネジメントに携わるビジネスパーソンにとって、定性、定量をバランスよく使いこなして判断する必要があるということだ。

10 「経営理論など勉強しなくても経営はできる」という論理の飛躍

これまでの考察とは、一見矛盾するようだが、経営理論の体系を学んでいなくとも、成功する経営者は数多く存在する。たとえば、「経営の神様」と言われた松下幸之助氏が、中学卒業という学歴で、なぜ、ビジネスで大成功を収めることができたのか？　というのもそう。

松下幸之助氏は、学歴などなくても、経営理論など知らなくても、ビジネスの際に、物事の本質を見抜き、それを自分の頭で経営理論に落とし込み、実行する能力が高かったのではないかと思われる。いわば、それが**経営の勘**のようなものだ。もちろん言わずもがなだが、学歴以外の部分で、勉強もたくさんされたのだと思う。

同氏の最大の功績は、ゼロから会社を興して、第二次大戦後の日本で、松下電器産業（現・パナソニック）を業界最大の企業グループに育て上げて、「経営の神様」として世界にも大きな影響を与えている点だ。同氏の経営理念は、「会社の利益と社会の発展の調和を図る」によく表われているように、当時としては極めて進歩的なものであり、それは1932年に全従業員を前にして説かれた「水道哲学」に代表される。

「産業人の使命は貧乏の克服である。そのためには、物資の生産に次ぐ生産をもって、富を増大させなければならない。水道の水は価《あたい》あるものであるが、通行人がこれを飲んでもとがめられない。それは量が多く、価格があまりにも安いからである。産業人の使命も、水道の水のごとく、物資を無尽蔵たらしめ、無代に等しい価格で提供することである。それによって幸福をもたらし、この世に楽土を建設することができるのである。松下電器の真使命もまたその点にある」

そして、同時にこの使命を達成するために、建設時代10年、活動時代10年、社会への貢献時代5年、合わせて25年を1節とし、これを10節繰り返すという250年計画を発表した。

このような考え方をもとに、1930年代に、同氏や松下電器産業が下した数多くの経営判断や意思決定が成功をもたらしたことが背景となり、「経営の神様」と言われるようになった。恐慌の時代にもレイオフをいっさいやらないなど、一大企業グループを作り上げて、自身も5000億円の資産を築き上げたと言われており、まさに、結果を出し続けてきた。

「経営理論などを勉強しなくても、経営はできる」という意見がよくあるが、厳密に言えば、松下幸之助氏のように、いわゆるMBAのような経営理論などを知らなくとも、**「経営の本質を見抜き、経営の現象を体系化することで、自ら考え、経営を実践することができる」**と言える。これが、経営理論を知り得なくても成功する経営者がいるゆえんだ。

ただし、これは経営者によって能力の差があるだろう。天才的な経営の勘が先天的にあるか、または後天的に身につける必要があるか、ということだ。

また、経営の内容やステージによっても異なるので、一概には言えない。商品・ビジネスのライフサイクルや伸びる業界かどうかなどの問題もある。また、当然のことながら、運などの要素も関係してくるものと思われる。経営はタイミングとの勝負でもあり、毎回経営の現象を体系化するにも、効率の問題も大きいものと思われる。

したがって、自らを普通のビジネスパーソンだと思うとしたら、つねに結果を出すには、やはり体系的に定石としての経営理論を習得して、効率性、生産性などを追求する必要がある。このような観点からも、経営理論が持つ意味・意義は大きいのではないだろうか。

11 理論と実践のサイクルを回していない

これまでの話を総合すると、経営理論をビジネスで使いこなすには、図1－7のメカニズムを十分に理解し、**「理論を学び、実践する」というサイクルを繰り返し、経験値を積み重ねるしかない。**その流れは次のようになる。

ステップ1　明確なビジョン・経営理念を持つ

これは「結果を出すこと」以上に、重要とも言える。ビジョンや理念というビジネスの方向性次第で、結果のありようが変わってくるからだ。たとえば、マーケティングの経営理論を使いこなして、ビールをたくさん売る目標を掲げたとしよう。その経営理念が「人々にビールというアルコール飲料を提供し、コミュニケーション豊かな大人社会を創る」であるとすれば、間違ってもただ売ればいい、という発想にはならない。**ビジョン・理**

念は、企業やビジネスパーソンにとって、出発点でもあり、ゴールでもある。

ステップ2　質の高い理論を学び、自らの頭で考え続ける

経営理論にも質が高いものとそうでないものがある。質が高い理論とは、星野リゾート・星野社長によれば、「学問と実践を行き来し、調査によって理論を実証している経営理論（趣旨を要約）」とのことだ。逆に「経営者が単に自分はこうして成功した」という実証的なもの（経営理論とは呼べないもの）は参考にならないとも言われる。

ステップ3　理論を実践し、落とし込む

実践することで、理論を自分のものにすること。先述の「結果を出している、結果を出せないMBAホルダー」は、この実践ができているかどうかがわかる典型的な例である。

ステップ4　「理論」と「実践」の間を何度も行き来する

理論と実践を行き来することで、たえずその実行性を確認する。実践したら、その評価も行ない、目標と実績のギャップを認識し、その溝を埋めるべく改善する。このサイクル

1-7 経営理論を使いこなす（全体図）

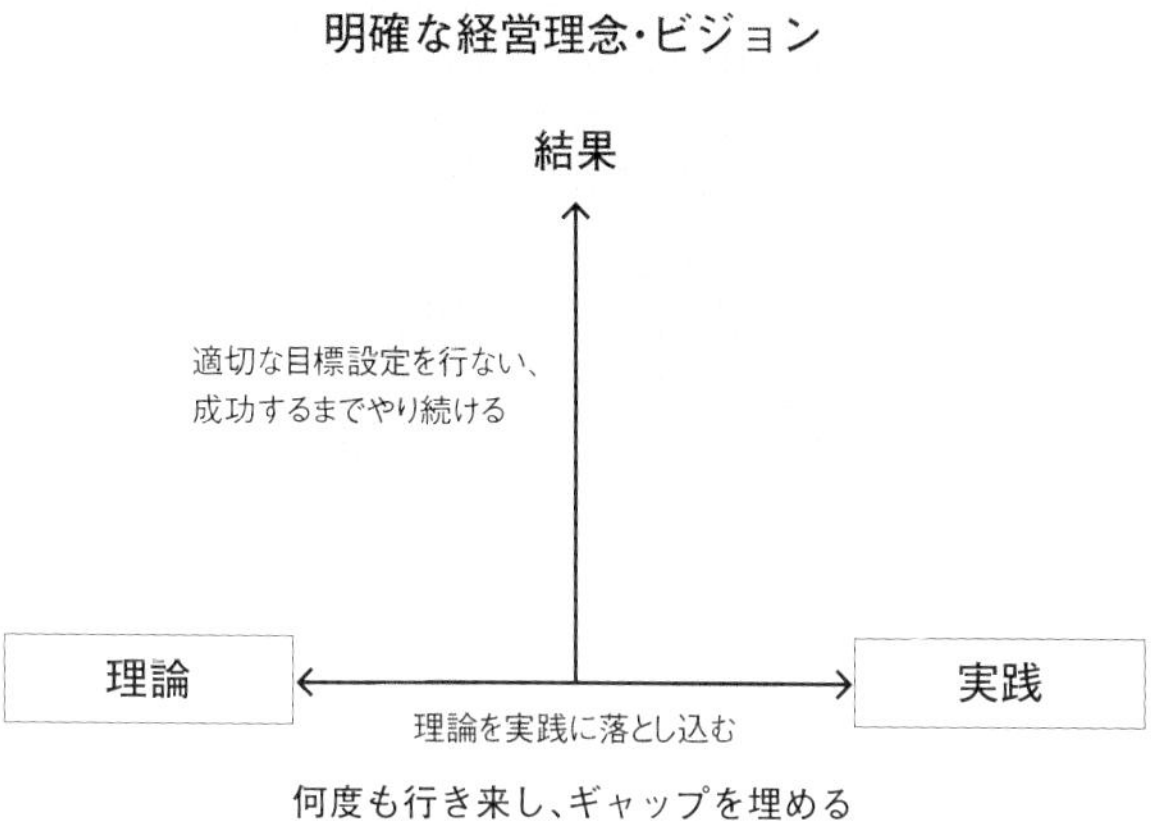

を回していく。

ステップ5　適切な目標設定を行なう

ここで重要なことは、無謀な目標設定を決してしないことだ。ものごとには適正水準が存在する。これは私自身が起業し、事業を行なうなかで、最も気をつける点でもある。無理な目標設定は必ず自分自身に跳ね返ってきて失敗することを、身をもって何度も経験している。実力の少し上くらいのレベルを目標に設定し、着実な成長を重視する。

ステップ6　成功する（結果が出る）までやり続ける

経営の目的でもある「結果を出す」という定義も突き詰めて考えると単純ではない。単に「予算を達成する」であれば目標は明確だが、「事業の成功」では何をもって成功とするかの判断が分かれる。第3章の「経営戦略」で企業の事例として挙げるアップルもそうだが、今は亡きスティーブ・ジョブズ氏の人生はそれこそジェットコースターのような浮き沈みの繰り返しだ。ジョブズ氏は、ある1点だけを見ると、会社を追い出されたという失敗を経験している。しかし、その後、復帰してからの活躍は（詳しくは後述するが）単に業績という面での結果だけではない。後々まで語り継がれる世の中を変える数々の商品を提供したという結果は、成功するまでやり続けたから得られたものとも言える。

次章以降では、企業の事例（ケーススタディ）を交えながら、「いかに経営理論を使いこなして、ビジネスで結果を出せる」ようになるか、経営理論の基本を押さえながら、さまざまな角度から考察していく。

第2章

クリティカル・シンキング

——本質に迫る問題解決の考え方

【ユニクロ】

クリティカル・シンキングで問題の本質を読み解く

企業経営の目的は、**「ビジョンや理念の実現を目指して、限られた経営資源で最大限の結果を出し続けていくこと」**にある。そのために、企業は経営理論を実践して、単年度や中長期の経営計画（事業計画）で定めた数値目標の達成に全力を注ぐ。部課長クラスのミドル層も、権限やマネジメントの及ぶ範囲は異なれど、事業計画の目標達成を課せられていることに変わりはない。しかし、顧客のニーズや市場環境、国内外の競合企業の出方などをすべて読み切ることは不可能で、天災などの予測不能な突風がどこから吹いてくるかもしれない。嵐の暗闇のなかで船を操縦するようなものだ。経営判断を誤れば、事業計画の目標達成はおろか、いつ遭難座礁して倒産してもおかしくない。

ビジネスは意思決定の連続であり、「バランスのとれた意思決定をするための原理原則」「正解のない活動のなかで、最善策を求める思考」こそ、質の高い経営理論といえる。経

2-1 クリティカル・シンキング

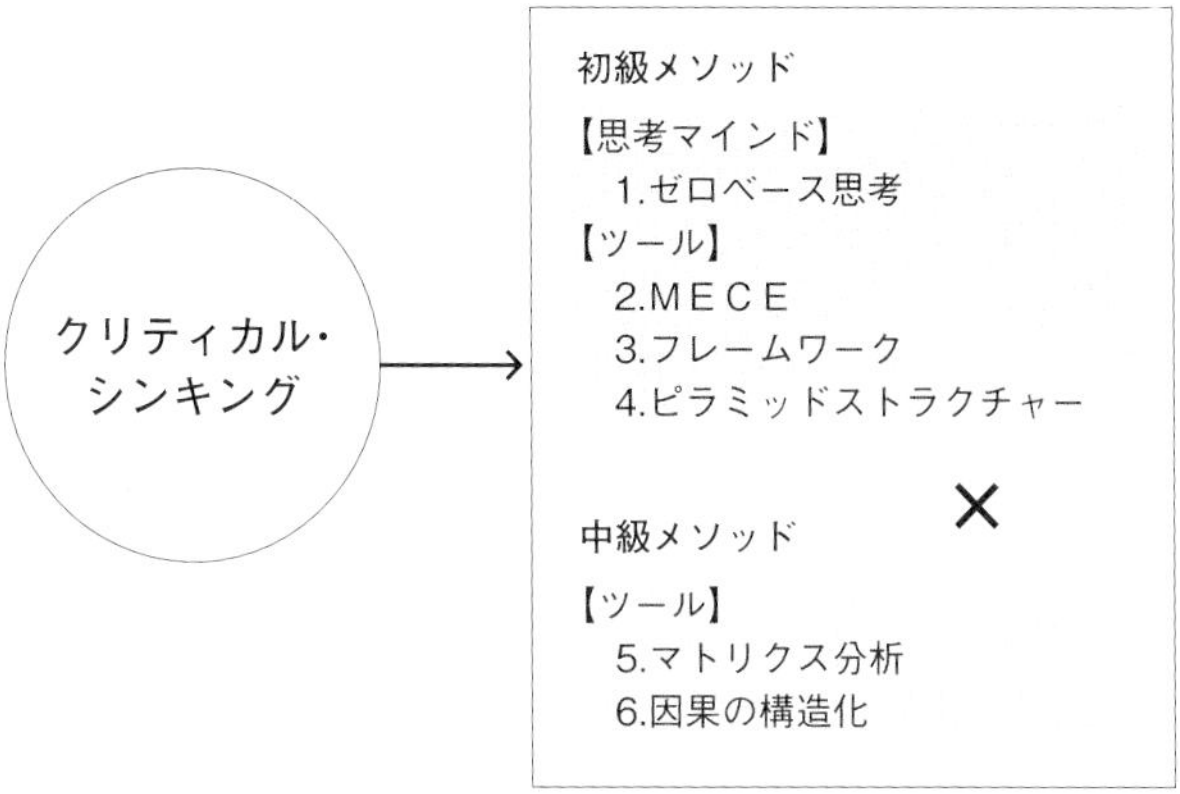

営理論は、「ヒト（人材マネジメント）」「モノ（経営戦略、マーケティング）」「カネ（アカウンティング、ファイナンス）」に分けて実践されるが、**経営理論の全体を流れる考え方の基本が、「クリティカル・シンキング」である。**

「クリティカル」とは、「批判的な」という意味である。**ものごとは、「本当に正しいか？」「言い切れるか？」など、客観性や批判精神をもって考えることが重要であり、ものごとを客観的、論理的に考え、相手にわかりやすく伝える思考法を言う。**クリティカル・シンキングを使って「本当にそうなのか？」という質問を繰り返しながら、ものごとを深く掘り下げていく。

たとえば、比較的好調だった一般消費者向けビジネスで、既存店の「売上が伸び悩んでいる」という経営課題に直面していたとしよう。その解決策として「より幅広い商圏、層の顧客に買ってもらえるよう、既存店の出店エリアを広げ、新業態の店舗もオープンしよう」という拡大戦略を重視する経営判断は「本当に正しい」と言い切れるだろうか。

実際の経営では、マーケティング調査の結果などが拡大戦略の正当性を裏づける根拠として示されるだろう。しかし、「売上が伸び悩んでいる」ことと、「拡大戦略」との間に、「論理の飛躍」があるのは確かだ。仮にこのまま事業を拡大したとしても、経営資源が分散してしまい、既存事業（店舗）だけでなく、新規事業（新業態）も失敗する確率が高い。クリティカル・シンキングでは、根本原因を特定して治療を施すため、「売上の伸び悩み」という複合的な原因で生じる症状を、**個別の要素に「因数分解」して対策を考える**。

1　売上が伸び悩んでいる

2　原因として、「立地やブランディング、新商品投入のタイミングなど会社（事業部）の出店・販売戦略が顧客ニーズに合致していない」「店舗運営（店長のマネジメント

能力・販売員の能力不足など）の硬直化」「商品力の低下」などが考えられる

3 あらゆる角度から検証したら、「店舗運営、特に店長のマネジメント能力」に根本原因があることが判明した

4 したがって、店長研修・育成の仕組みを徹底的に強化すると同時に、権限委譲を進めてモチベーションを高めるなど本質的な問題解決を図る

5 改善で売上の伸び悩みは解消され、新規出店の成功に欠かせない店長も育ちつつある

クリティカル・シンキングの考え方をマスターすることで、効率的かつ効果的な問題解決が可能となるだけでなく、同様の問題が生じるリスクを抑えることができる。図2－1は、この順番でものごとの本質を見極め、問題解決を可能にする仕組みを示している。つまり、何か解決したい問題があれば、まずは**「ゼロベース思考」**で、頭の中を空にして問題の原形をとらえる。次に**「MECE」**で、その問題の原形の姿が**「モレなく、ダブリなく」**とらえられているかの確認を行なう。さらに**「フレームワーク」**を使って、ある切り口でその問題の本質を考えて掘り下げる。最後に、**「ピラミッドストラクチャー」**で問題の本質を構造化し、その考え方が確かであるかどうかを客観視する。

頭の中を空にして考える「ゼロベース思考」

クリティカル・シンキングを使いこなすには、まず「ゼロベース」の思考マインドで頭の中を空（ゼロ）にしなければならない。

人は誰しも次のような思考にとらわれている。親の教え、学校の教え、社会や業界の常識、道徳感、倫理感など。いわば、思い込みや決めつけ、メンタルブロックなどによって、この枠内でものごとを考えがちだ。その結果、枠外に問題解決の本質が隠れていても、気づかずに見落としてしまう。だからこそ常識を疑い、**「既存の枠にとらわれずに、ものごとを考える」**ゼロベース思考が必要不可欠になる。

ゼロベース思考の成功事例の典型が、ソニーの初代ウォークマンだ。「音楽は持ち運んで聴くことはできない」という常識を疑い、手軽に持ち運べる再生プレイヤーを開発して、いつでもどこでも音楽を聴くという新しいスタイルを生み出した。別の例では、ドミノ・

ピザは初期の頃、「宅配ピザは配達時間がかかり、冷めてしまうものだ」という常識を逆手にとって、30分以内に温かいピザを届けるサービスで大ヒットした。

また、マンションの販売促進を考える際、マンションは「ヒト」が住むために購入するものという考えに縛られると、「値段を下げて購入者（ヒト）を増やす」か「新しい購入者（ヒト）を開拓する」といったアイデアしか出てこない。しかし、マンションを「モノ」という観点で見ることで、「値上がり時の売却益や家賃収入のキャッシュフローが得られる金融商品として売り込む」などというように、異なる発想のアイデアが出てくる。

そのための作業を、私はこんなふうにイメージしている。さまざまな思考にとらわれている自分は、ヘルメットをかぶった状態にある。これをゼロにするには、いったんヘルメットを脱ぐ必要がある。そこでヘルメットを持ち上げて、それまでの思考と一緒にほかの場所に置くことをイメージする。そして、ゼロにリセットした状態でものごとの本質を考える。

ただし、頭の中を空（ゼロ）にするのは、思っている以上に至難の業だ。業界経験が豊富で、過去に成功体験のある企業やビジネスパーソンほど既存の枠内で問題解決を図ろうとする傾向が見られる。すべてをゼロベースで考えるということは、枠内で業績を上げてきた自社、自分の立場を危うくし、時に自己否定にもつながる恐れがあるからだ。

別の方法として、法政大学の長岡健教授が提唱する「アンラーニング（学習棄却《ききゃく》）」という人材教育の考え方もある。従来の社員教育では、組織が蓄積したノウハウや知識・スキルに熟達した人材を育てていくことが、企業の競争力につながるという考え方が主流だった。

しかし、企業を取り巻くグローバルな競争環境が激変し、スピーディーな対応が勝負を分ける時代には、熟達化がむしろ足かせとなる。そこで熟達化の段階を過ぎた次世代の経営幹部候補でもある、部門長、部課長クラスこそ、新しいことを受け入れ、これまでのやり方や考え方をリセットする必要があるというものだ。

フラットな思考で成功したユニクロ

具体的にクリティカル・シンキングの発想で成功した企業の事例を見てみたい。クリティカル・シンキングを使いこなして世界トップ企業を目指すのが、ユニクロを展開するファーストリテイリングだ。

同社は1984年、広島にユニクロ1号店を出店し、約四半世紀を経た2010年8月期には連結売上高8148億円、従業員数1万3000人を超える大企業に成長している。柳井正会長兼社長はさらに、2020年までに売上高5兆円、「世界一のアパレル製造小売企業」に成長させるべく、アジア地域への積極出店などグローバライゼーションを加速させている。世界のファストファッション業界は、売上高1兆円を超えるZARA、GAP、H&Mのトップ3をファーストリテイリングなどが追い上げる熾烈な戦いを繰り広げている。

ユニクロの商品の品質のよさは、ほかの競合アパレルと比べて群を抜いている。丁寧な作り込みのレベルと、価格から見た「費用対効果（Value for Money）」の高さは、世界でも通用しつつある大きな要因だろう。

デザイン性の高さや配色のセンスも年々向上している。海外ブランドのM&Aにも積極的で、アメリカ発の総合ファッション「セオリー」などを完全子会社化している。消費者にとって安くて、いいものが手に入る、という総合的な「良心」とも呼ぶべき社会的な価値の高さは、通常のアパレルメーカーのカテゴリーのものではない。

その社会価値提供の源泉は、柳井会長という経営者のビジョン、理念の高さにあるのではないだろうか。そして、ビジョンや理念は、本質を見抜いて実行に移す力によって、成し得ている。それだけでなく、**フラットな思考**で、まさにクリティカル・シンキングを地でいく経営者と言える。その柳井会長にして、「1勝9敗」と述べる自身の経営スタイルは、実践し、失敗の原因を分析し、何度もチャレンジし続けることが次の結果を生むという本書の主張とも一致する。では、そのポイントを押さえていこう。

新しい価値は、常識にとらわれない発想から生まれる

ユニクロの成功要因（ＫＳＦ――Key Success Factor）をクリティカル・シンキングを活用して分析してみたい。まずは「ゼロベース思考」で、ユニクロのビジネスをゼロから洗い出してみる。

よく知られることは、ファッションにファストフード感覚を持ち込んだことだ。いつでもどこでも安価に手に入る、ベーシックな商品群を欠品を起こさずに提供する。新たなマーケットを創造して定着させるために、仕入れ販売業を脱して川上の商品企画・製造から川下の流通・販売まで、すべて自社で押さえるＳＰＡ（製造小売業）のビジネスモデルへと自己変革し、現在進行形で進化している。

あまり知られていないことでは、海外オペレーションでは大手商社とアライアンスを組んでいる。利用できるものは、なりふり構わず利用するしたたかさを持ち合わせているの

だ。

さらに、原則的に同じ店舗レイアウト（低コスト出店と低コストオペレーションが可能）、商品、価格の商品を、同等のサービスで購入でき、早く安く大量に供給できる仕組みを確立したこと。意思決定の早い仕組みがスピーディーな大量出店を支え、それを可能にする人材マネジメントのシステムも構築している。

しかし、もっとも賞賛すべきは、企業理念に象徴される高い志と、幾多の失敗にもめげずにそれを具体化していく経営者と社員の実践する力にある。ファーストリテイリングの企業理念は、「ＦＲ ＷＡＹ」（ファーストリテイリングの道）で表わされる。具体的には「服を変え、常識を変え、世界を変えていく」ことを目指して、世界中のあらゆる人によい商品、新しい価値、スタイルを提供していくことである。

「ユニクロ栄えて国滅ぶ」と言ったエコノミストがいた。ユニクロをデフレのデメリットの象徴としてとらえた見解であり、それなりの根拠を示してあるが、私は「木を見て、森を見ず」の意見だと思う。安くてよいものを世界に供給するユニクロは、松下幸之助氏の「水道哲学」のように世の中を豊かにする価値を持っているからだ。

２０１１年11月に来日したブータン国の王妃が、限られた自由時間の合間を縫ってユニクロの「ヒートテックのインナー」を購入した。このインナーでどれほど冬の寒さが緩和されるか。**消費者は、無意識のうちにユニクロの「こだわり（優れた品質のものを安価で提供するフィロソフィー）」も買っている**のだ。

ユニクロが掲げる「グローバルワン・全員経営」とは、「ファーストリテイリンググループが1つとなり、全員が世界中で一番よい方法で経営する、全社員が経営者の視点をもって経営する」ことを意味している。全員が経営者マインドをもって経営理論を身につけ、日々のビジネスで実践している。1人ひとりがつねに自分が社長だったらと考え、行動して初めて、「グローバルワン＝世界で一番よい方法で経営する」ことが可能になるという。

また、同社の組織階層は、役員を除くと「部長」「リーダー」「担当者」の3段階しかない。しかも組織目標達成のための最適人事が優先されるため、上司と部下の入れ替えは日常茶飯事で、部長から担当者への降格、あるいはその逆の昇格も珍しくない。

ユニクロは、そのスピード、実践する力もさることながら、業界の常識にとらわれずに、ビジョン、理念を追究していくうえで、最適なルートを構築していくためにゼロベースで何事もフラットな視点でとらえていることも大きな成功要因ではないだろうか。

「モレなく、ダブリなく」でビジネスチャンスを見落とさない

ゼロベース思考をベースにしたクリティカル・シンキングでは、**「MECE（ミッシー）」（相互に排他的で、集合的に網羅的）の手法を使って、「モレなく、ダブリなく」考える**ことが重要になる。

ものごとはモレると全体像が見えないため、決め手に欠けてしまい、ダブると今度は非効率になってしまう。したがって、「モレなく、ダブリなく考える」ことが本質的かつ効率的な問題解決を可能にする。

大きなセグメントを見落として劣勢に立たされた事例として、「コクとキレがあるビール」を見落としたキリンビールが挙げられる（後ほど第6章のファイナンスで、アサヒスーパードライの開発プロセスも検証する）。

2-2 MECEとは

MECEの概念図

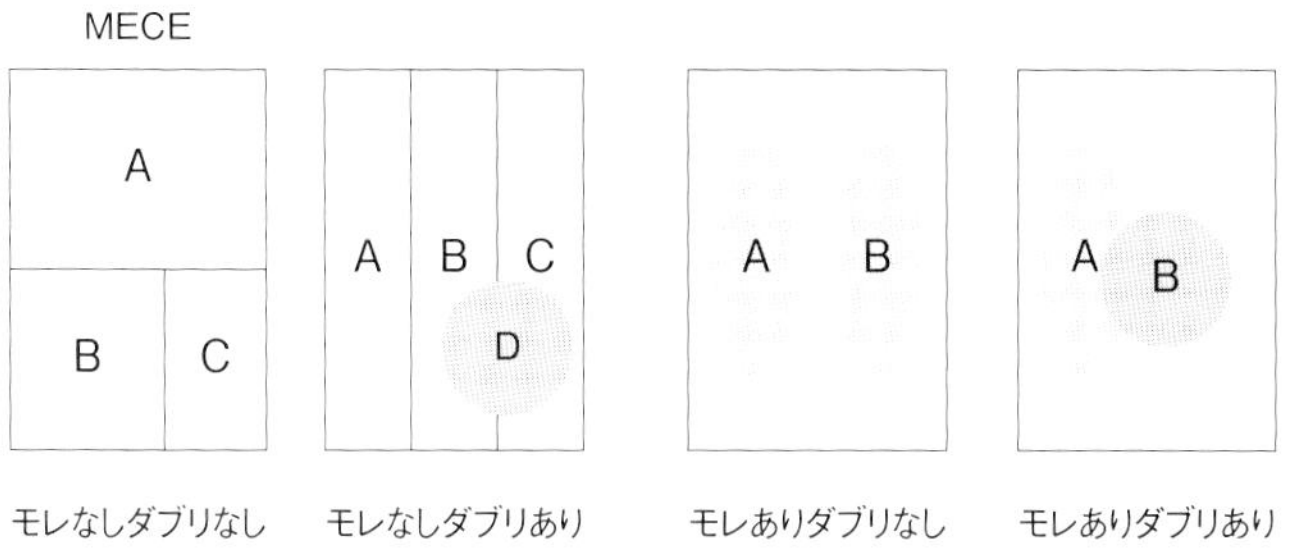

単純なMECEの例

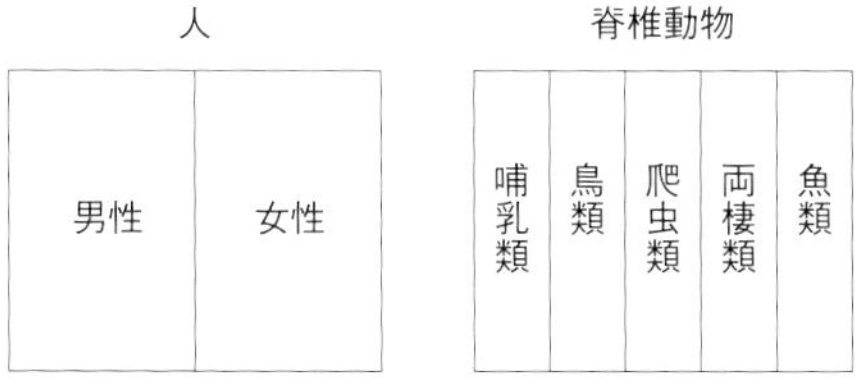

※出展：『【新版】MBAクリティカル・シンキング』（グロービス・マネジメント・インスティチュート／ダイヤモンド社）

失敗を成功に結びつけるところにユニクロの強さがある

ユニクロが中小企業から大企業へと進化する過程を、ＭＥＣＥでとらえてみよう。ユニクロが窮地に陥った際に、企業の全体像を「モレなく」見通して、見落とした部分を特定することで問題解決を図り、大企業へと進化することができたのだ。

ユニクロの歴史は柳井会長が『１勝９敗』（新潮社）という著書を出版するほど、失敗の歴史と言っても過言ではない。実は、60ページで例に挙げた「比較的好調だった一般消費者向けビジネスで既存店の『売上が伸び悩んでいる』という経営課題に対して、『より幅広い商圏、層の顧客に買ってもらえるよう、既存店の出店エリアを広げ、新業態の店舗もオープンする』という解決策を実行した」のがファーストリテイリングである。

１９９４年に広島証券取引所に上場した同社は、関東への出店、ニューヨークにデザイン力の強化と情報収集のための子会社を設立、全国への大量出店と、拡大戦略を一層加速させていた。しかし、新規出店によって売上高は1996年度に600億円を超えたものの、既存店の売上は7%のマイナスとなった。売場の反対を押し切る形でニューヨークの子会社の意見を採用してデザインしたモノトーン商品は顧客離れを招き、ユニクロの認知度が低い関東では、「安かろう悪かろう」のイメージをなかなか払拭できなかった。

1997年10月には、1年以上の準備期間をかけた新業態の「スポクロ」と「ファミクロ」をオープンさせている。スポクロはスポーツウエアに特化し、ファミクロは婦人服や子供服も扱うファミリーカジュアルの店舗だった。ユニクロの商品はスポーツウェアに近く、ユニセックスの発想でデザインした商品が中心で、新業態への商品展開に応用しやすかったのだ。自社ブランド以外ではスポーツウェアメーカーの商品の売れ行きがよかったことも、スポクロ出店の経営判断を後押しした。

しかし、結果は両業態とも1年もたたずに撤退。ユニクロの業績も悪化した。柳井会長は「顧客視点で会社の仕組みを一から作り直す」、まさにクリティカル・シンキングの発想でゼロベースの構造改革を決意し、1998年6月から「ABC(オール・ベター・チェンジ)改革」をスタートさせた。

新業態の出店判断を誤った原因の1つが、**「顧客視点の見落とし」**である。新業態店舗の品ぞろえを優先してユニクロの商品から回した結果、肝心のユニクロで商品の欠品が発生していた。ユニクロ商品との差別化が曖昧だったからこそ融通し合えたわけだが、であればなおさら新業態にする意味がない。顧客はこれまでならユニクロ1店の買い物で済むことが、3店舗を梯子《はしご》してほしい商品がそろう。二度手間ならぬ三度手間だった。

ABC改革のポイントは『1勝9敗』によれば、「売りさばき型から顧客ニーズ対応型への転換」「店長の権限、店舗の自主性を尊重する店舗運営の転換」「商品の企画生産から販売、管理における徹底したムダの排除」の3つにまとめられる。

具体的な解決法として、140社近くあった中国の委託生産工場を40社ほどに絞り込み、品質の向上を図った。販売機会のロスを最小限に抑えるため、本部主導の中央集権的な店舗運営を見直して、店長・店舗への権限委譲を進めた。店長の見本となる「スーパースター店長」制度を創設している。デザインオフィスを1カ所に集中させ、新しい店舗、売場、商品をゼロから考え直すなどの施策が実行された。

一連の改革が、一大ブームとなった1998年10月からのフリースキャンペーン、11月の原宿店オープンという成果につながっていく。1000億円の壁を超えたのは、翌99年度のことであり、こうして大企業の仲間入りを果たしていったのである。

切り口の「感度」が求められるフレームワーク

ものごとは、どのような視点で見るか、いわば**「切り口」**（フレームワーク）が重要になる。たとえば、私は８つのフレームワーク、「①ヒト、②モノ、③カネ、④情報、⑤時間、⑥志、⑦情熱、⑧運」という切り口でビジネスを見るようにしている。

これらの「切り口」で、１つずつものごとを考えると、「モレなく、ダブリなく」とらえることができ、企業や各事業、プロジェクトの全体像を効率的に理解することができる。

仮にあなたが起業したり、特命の独立採算プロジェクトを任されたりした場合、８つのフレームワークが一挙に降ってくる（起業したら、「ヒト」を採用して、「モノ」はオフィスや必要な備品を準備したり、「カネ」は資金が必要になるなど）。

戦略策定やマーケティングでよく使用されるフレームワークには、**「３Ｃ分析」**自社（Company）、顧客（Customer）、競合（Competitor））、**「ＳＷＯＴ分析」**（Strength、

Weakness、Opportunity、Threat）、**「ＳＴＰ分析」**（Segmentation、Targeting、Positioning）**「４Ｐ分析」**（Product、Price、Place、Promotion）などがある。これらについては、第３章で詳しく触れるが、ここでは「３Ｃ分析」と**「７Ｓ分析」**に注目しよう。

企業は戦略を考える必要がある。そのためには、事実を正確に把握しなければいけない。事実を正確に把握するためには、自社（内部）だけでなく、外部も分析する必要がある。そこで、「３Ｃ分析」を使って自社・競合・顧客をモレや重複を防ぎつつ分析する。「３Ｃ分析」の順番としては、まずは①市場（顧客）の変化を調べることで、今後の成功要因（ＫＳＦ）を見つけ出し、②競合分析を行ない、その変化に対応しているか・できるかを調べ、最後に、③自社がどのように対応するべきかを分析する。

また、「７Ｓ」というフレームワークには、「ソフトの４Ｓ」という①Shared value（共通の価値観・理念）、②Style（経営スタイル・社風）、③Staff（人材）、④Skill（スキル・能力）があり、「ハードの３Ｓ」には、⑤Strategy（戦略）、⑥Structure（組織構造）、⑦System（システム・制度）がある。これらを駆使すれば、短時間でものごとの全体像を俯瞰できるようになる。

ユニクロは世界の競合を発想の時点で出し抜いている

ユニクロだけでなく、その発想の違いを浮き上がらせるために、対照的な世界のアパレル企業・H&Mと比較してみよう。H&Mは、ZARA、GAPに次ぐ世界第3位のアパレルビジネスを築き上げているが、そのビジネスモデルは上位2社やユニクロとは異なる。同社のデザイナーが世界を旅行し、インスピレーションを受けてデザインし、毎日のように新商品を投入する仕組みを作り上げている。

主力商品の価格帯は値頃感があるが、広告宣伝などにより高級感を醸し出している。ファストファッションにもかかわらず、世界のセレブ、パリス・ヒルトンやレディ・ガガなども着用しており、高級ブランド的なイメージ作りに成功しているところに、ユニクロとは異なる特色がある（最近ではユニクロも、世界的女優であるシャーリーズ・セロンなども起用し、H&Mと近くなっている部分もあるが）。

ユニクロはベーシックな商品が主力で、「マスな生活消費財としてのナショナルブランド作り」を目指している。一方のH&Mは広告宣伝や販売促進において、高級イメージの人物、モノ（エリア）などを結びつけることで、「高級感のあるリーズナブルなプライスのファッション」という、一見すると二律背反するマーケットを創造した。

また、ユニクロの商品がほかのファッションと結びつける、いわば、ファッションのパーツであるのに対して、H&Mの商品は、それ自体がおしゃれで個性豊かなファッション性を前面に押し出している。ユニクロは、定番商品を日本企業の得意技である機能改善を施しながら息長く提供し、H&Mは在庫が売り切れると再生産せずに、次々と新商品を投入する。いわば、「品質」のユニクロと、「目新しさ」のH&Mの勝負とも言える。

これらの状況を踏まえて、ユニクロの3C分析を行なうと次のようになる。

自社（Company）

・柳井会長の強烈なカリスマ経営が特徴で、主にアパレルのベーシックな商品を提供

・2020年に、世界で5兆円の売上を目指している（2010年8月期・8148億円、国内外800店舗超）

2-3 フレームワーク（3C分析）

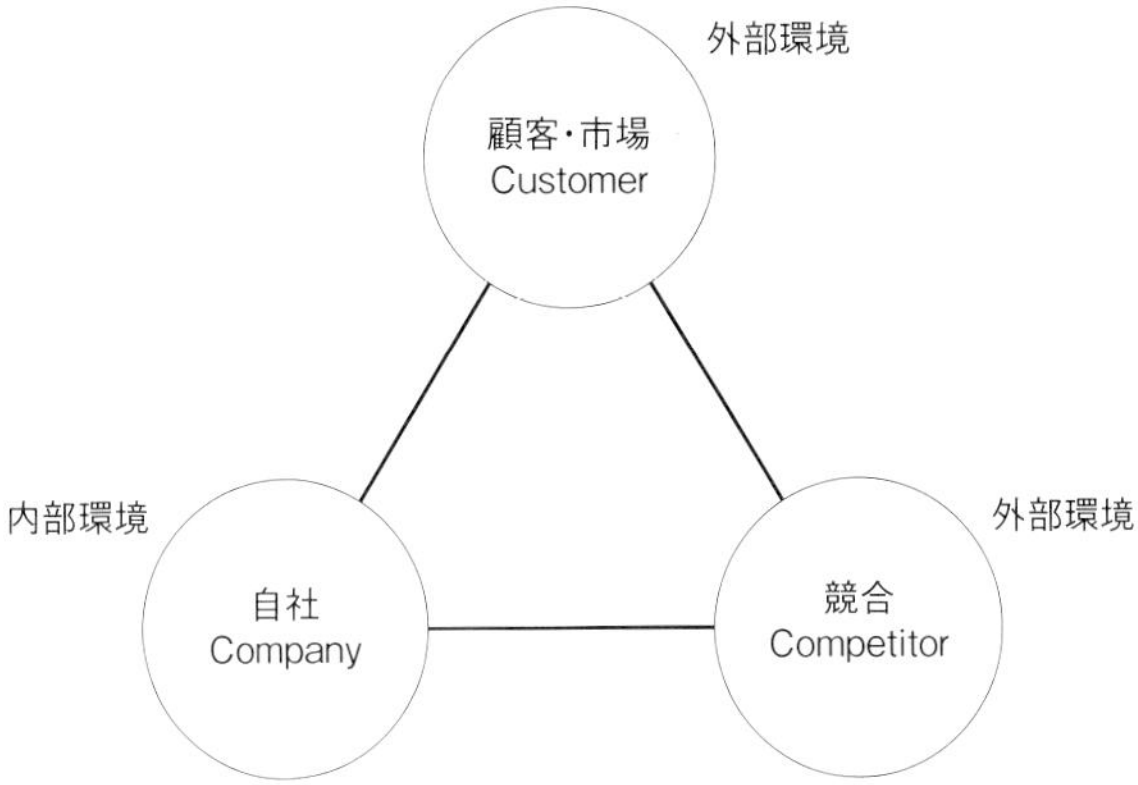

・日本では、「ヒト（経営陣・スタッフ）、モノ（商品、店舗など）、カネ」が合理的に動く仕組みが確立されており、これを世界にも展開できるかが、今後の鍵を握る

顧客・市場（Customer）

・アパレル、ファッション商品、全世代にベーシックな商品を提供。とくに、フリースやヒートテックが全世代に人気を呼び、デフレの時代に成長を続けている

・メインの顧客は「若者全般」だが、それ以外の層へも年々広がっている。クオリティの高い低価格ジーンズなどが人気を博しており、ブランド・イメージはここ

数年で確実に上がっている。かつては「ユニバレ（ユニクロを着ていることがバレて、バカにされること）」と言われたこともあったが、今では聞かれなくなった

競合（Competitor）

・世界的には、ZARA、GAP、H&Mが競合するなかで、日本では主にGAPや低価格ブランド（しまむら、など）も競合して、GAPがやや価格が高い分苦戦している

・H&Mについては、「高級感のあるリーズナブルなプライス」の商品のため、ユニクロとは直接競合していないように見える

このように、ユニクロを中心にファストファッション業界を「3C」というフレームワークで切ることにより、マーケットの概要と、勝因、敗因が「モレなく、ダブリなく」可視化される。

結論の説得力が増す「ピラミッドストラクチャー」

「ピラミッドストラクチャー」は、「論理をピラミッド型に構造化すること」を言う。結論をメッセージの頂上に置き、それをサポートするメッセージをMECEで順次下部に配置していく。このようにして、**問題の全体像をつかんだうえで、原因を分解して、分析する手法だ。**自分の思考の完成度をチェックしやすく、相手への説得力も増す。

ユニクロはフリースブームの後、2002年に柳井氏が社長職を若手に譲って会長に退いたことなどで停滞期を迎えた。柳井氏は2009年に刊行した著書『成功は一日で捨て去れ』（新潮社）のなかで、2005年8月期決算の「増収減益」を「革新的なことに挑戦した結果の『減益』ではないので、最悪だ」と述べ、当時の社内を「かつてのベンチャースピリットを忘れ、大企業病にかかってしまい、このままでは会社がつぶれると思った」と振り返っている。

2-4 ピラミッドストラクチャー

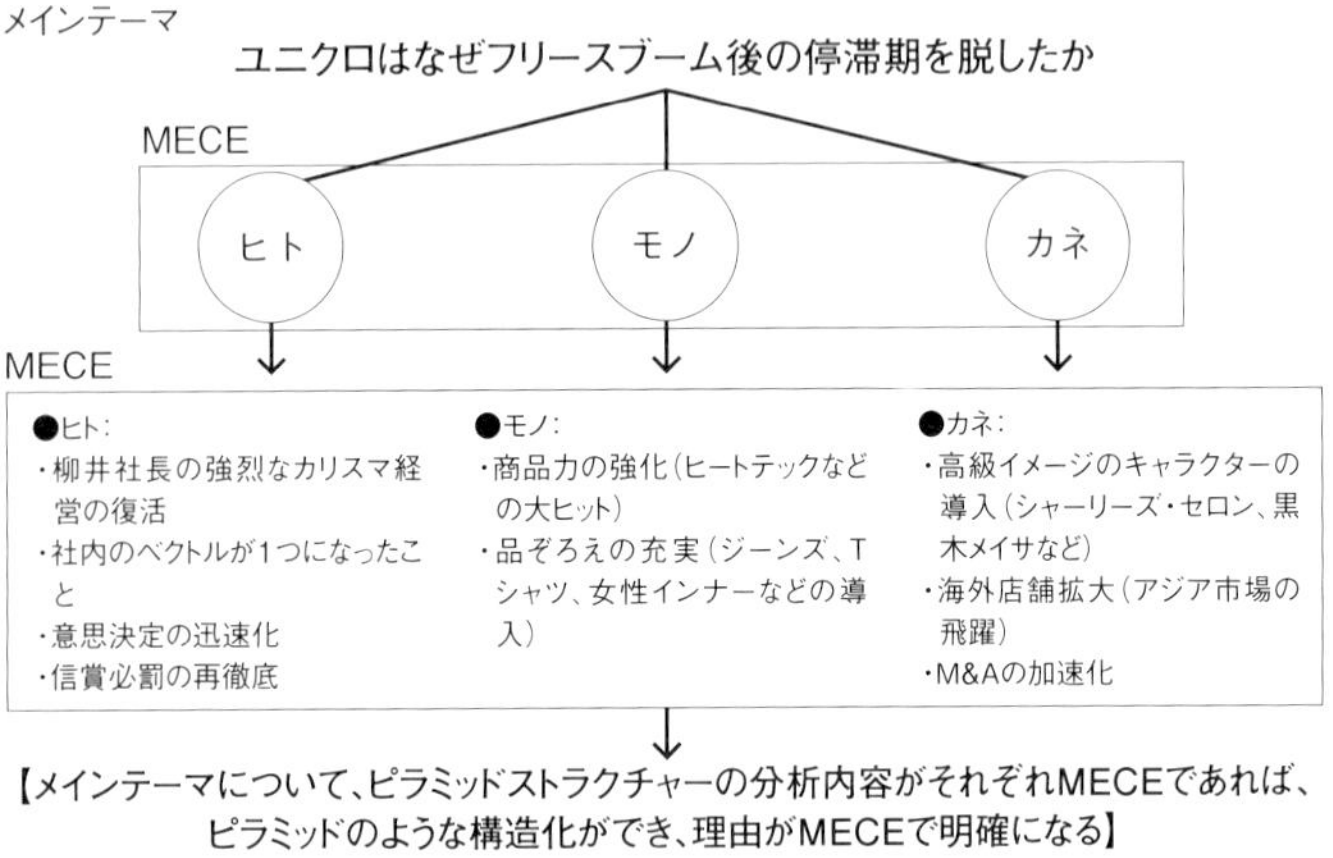

メインテーマ
ユニクロはなぜフリースブーム後の停滞期を脱したか
MECE
ヒト
モノ
カネ
MECE
●ヒト：
・柳井社長の強烈なカリスマ経営の復活
・社内のベクトルが1つになったこと
・意思決定の迅速化
・信賞必罰の再徹底
●モノ：
・商品力の強化（ヒートテックなどの大ヒット）
・品ぞろえの充実（ジーンズ、Tシャツ、女性インナーなどの導入）
●カネ：
・高級イメージのキャラクターの導入（シャーリーズ・セロン、黒木メイサなど）
・海外店舗拡大（アジア市場の飛躍）
・M&Aの加速化
【メインテーマについて、ピラミッドストラクチャーの分析内容がそれぞれMECEであれば、ピラミッドのような構造化ができ、理由がMECEで明確になる】

柳井氏が社長に帰り咲いたのは、2005年9月、決算の翌月だった。復帰早々、「第二創業」をテーマに掲げ、社内の構造改革に着手。同書によれば、「世界中の人々に喜んでもらえる画期的なカジュアルウェアを開発し、いつでもどこでも誰でも買えるようにする」「世界一のカジュアルウェア企業グループになる」「2010年に売上高1兆円・経常利益1500億円を達成する」という3つのビジョンを提示し、①再ベンチャー化、②グローバル化、③グループ化（グループ企業価値の最大化）の施策を実施すると宣言している。

こうした成長への積極的な取り組みが、

ヒートテックの開発や海外・国内ブランドのM&A、グローバル旗艦店の開発・出店、本格的な海外進出と海外事業の黒字化などの成果を生み、復活の推進力となった。2008年以降、増収増益に転じ、2009年は売上高6850億円、経常利益1013億円、2010年も売上高8148億円、経常利益1237億円を達成している（ただし、2011年8月期は増収減益）。

図2－4は、たとえば「ユニクロはなぜフリースブーム後の停滞期を脱したか」というテーマについて、ピラミッドストラクチャーで分析したものである。このメインテーマについて、ピラミッドストラクチャーの分析内容がそれぞれMECEであれば、ピラミッドのような構造化ができ、理由がMECEで（モレなく、ダブリなく）明確になることが理解できる。同様にユニクロの成長と復活は、自社の問題点をモレなく、ダブリなく、細部まで掘り下げたからこそ、実現できたとも言える。

「マトリクス分析」で効率的な分析が可能になる

「マトリクス分析」は、**意味があると思われる2軸を抽出してマトリクスを作成し、分析対象をプロットするもの。**真に有効な問題解決には、クリエイティブなフレームワークをそのつど考えるのが理想だが、作成にはそれなりにエネルギーが必要であり、かえって非効率になってしまう。マトリクス分析を使えば、ある程度の効果を維持しつつ、労力を減らすことができる。マトリクス分析の手法は、次のような市場や商品をある切り口（セグメント）で分けるセグメント分析でよく使われる。

①年齢層と価格帯
②業界の魅力度と事業地位
③市場成長率とマーケットシェアなど

2-5 マトリクス分析

■セグメント分析

マトリクス分析をよく用いる分析方法として、セグメント分析とは、市場や商品をある切り口(セグメント)で分ける方法。

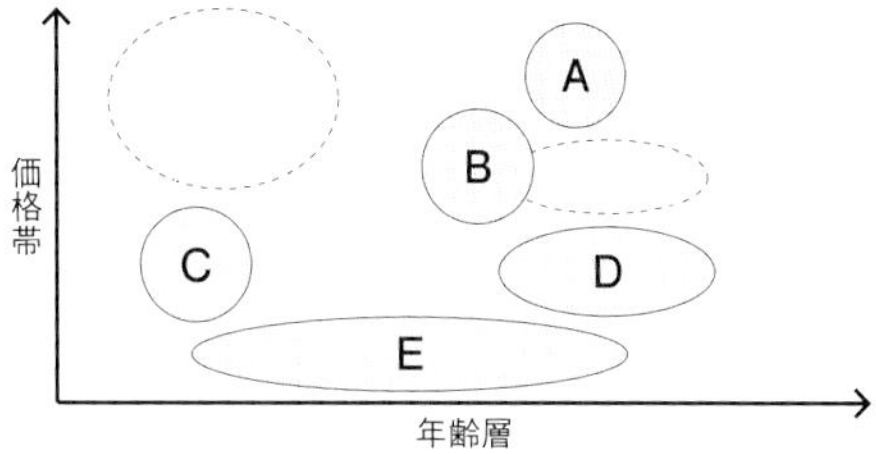

例:中華料理店の分布を、上記のように、価格を縦軸に、年齢層を横軸にしてマトリクス分析を行なうとわかりやすい。

・高級店:聘珍楼(高級だが、年齢層も高い) →A
・中級店:銀座アスター(価格、年齢層はやや高め) →B
・大衆店:餃子の王将(価格は安く、幅広い層が利用) →E

わかりやすい事例としては、たとえば中華料理店の価格と年齢層のマトリクス分析というのもあり得るだろう。

価格と年齢層という卑近な2軸をとり、なおかつ、自分が食べたことのある中華料理店のことだと、イメージしやすい。

勉強した経営理論を実践する場は何もビジネスシーンに限ったことではない。日常生活で遭遇する身近な出来事に対して、経営理論で分析して、行動の意思決定に役立てる習慣をつけ、使い慣れておくことを勧めたい。

「因果関係」を明確にして本質的な問題解決に役立てる

事象を相互につなげることで因果（原因と結果）関係を図示化し、明らかにすること。

物事は因果でつながっており、因果が理解できていないと、問題解決は難しい。事象相互の因果関係を把握することで、表面的ではなく本質的な問題解決が可能になる。

ユニクロはＧＡＰのビジネスモデルを模倣して事業展開したが、実は、両者はあまり競合していないと見ることができる。ＧＡＰがファッションブランドであるのに対して、ユニクロはマスな生活消費財という位置づけのためだ。ＧＡＰが苦戦しているのは、Ｈ＆ＭやＺＡＲＡのファッションブランドとも競合しているからであり、この本質を見極めない限り、戦略は空回りして体力を消耗することとなる。因果の構造化を使って、「ＧＡＰが日本市場で苦戦している」ことの仮説を立ててみたい。

2-6 因果の構造化

■因果の構造化

- 事象相互の因果関係を把握することで、表面的ではなく本質的な問題解決が可能になる
- たとえば、GAPが日本市場で苦戦していることを考えてみよう

(因果関係の例)

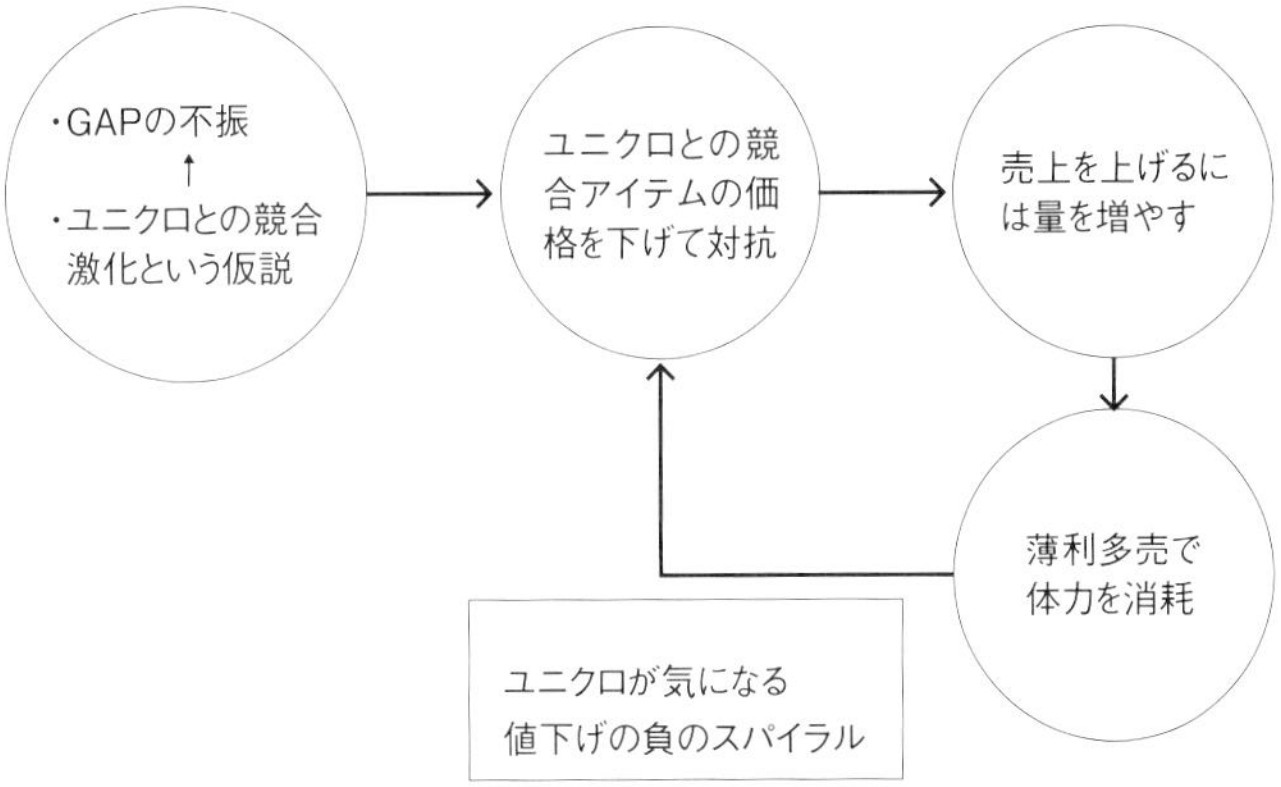

■因果の構造化と仮説構築

1. GAPが日本市場で不振
2. GAPはユニクロと競合していると考えた
3. そこで、ユニクロと競合するアイテムの値下げで対抗
4. 薄利多売で、体力を消耗
5. 「値下げ合戦」の負のスパイラルに入る
6. しかし、GAPの不振の本質は、ファッションブランドとして競合するH&M、ZARAに、シェアを食われていることだった。実は、ユニクロは生活消費財としてのナショナルブランドなので、あまり競合していない
7. したがって、この場合ユニクロとの対抗アイテムの値下げをしても本質的な問題解決にはならない
8. 本質的な問題解決は、H&M、ZARAに対抗する戦略を実行すること(仮説)

→これらの仮説を検証し、戦略に落とし込む

アパレル業界を「マトリクス分析」で俯瞰する

「質×価格のマトリクス分析」で現在のアパレル業界のトレンドを構造化すると、「質が高く価格が安いもの」が売れていることがわかる（ZARA、ユニクロ、H&M）。一方で、質も価格も高かったり（百貨店内のアパレル）、質は高いが価格はやや高いところ（GAP）などは売上が低迷している。ファーストリテイリングのサブブランド「g．u．」は、ユニクロより価格・質ともに低く、すみ分けができていると思われる。

図2－7のユニクロを含めた左上のマトリクス内にある企業は、とくに「7S分析」のハードの3S（戦略・組織構造・システム）が優れているため、低価格化×高品質化が可能になっている。「価格（コスト）」から考えると、①低コスト戦略という優位性が存在し、②ターゲットが広い（価格の安いベーシック商品はニーズが多い）ことがわかる。

2-7 ユニクロのマトリクス分析

●「質×価格のマトリクス」でアパレル業界のトレンドの構造化

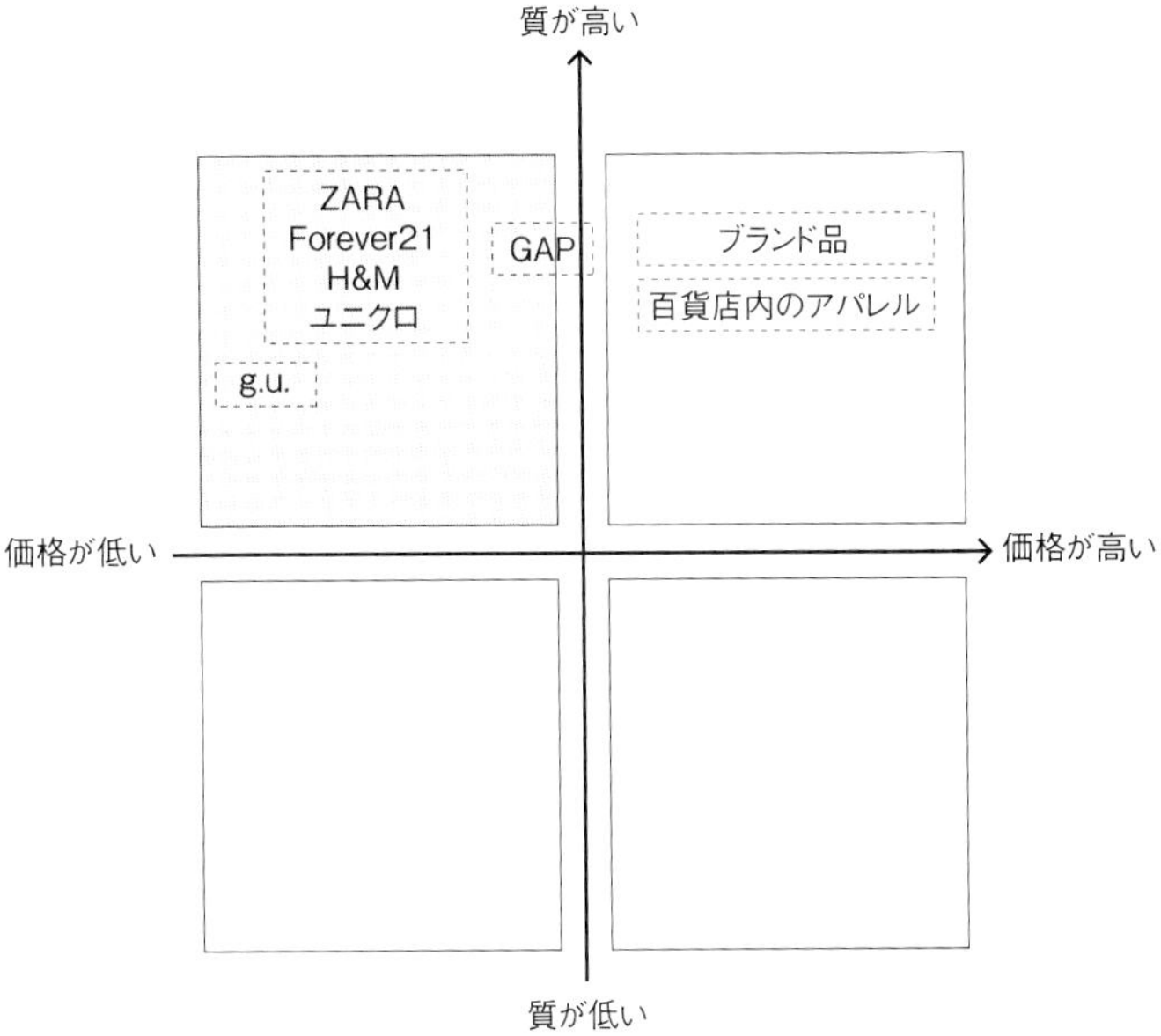

各種分析から見えてくる
ユニクロの経営課題と展望

ユニクロの弱み、今後の経営課題も、クリティカル・シンキングの各種分析から見えてくる。「3C分析」では、次のように分析できる。

①顧客

景気が改善したときに、客足が離れる可能性がある（とくに現在、消費を我慢してユニクロを買っている層）。好況期になっても、それらの客層を取り込む戦略が求められる。

②競合

図2−7のマトリクスは、「低価格化×高品質化」のトレンドに沿って、ZARA、H&Mや、最近ではForever21といった海外アパレルの日本進出が増えている。これ

らの企業がユニクロの強みであるベーシック商品を本格的に売り出すと脅威になり得る。ベーシック商品以外のファッション性、高級感、アウトドアなどの新ジャンルで優位性を図れる商品群の企画、供給力を高めるという策も考えられる。

③自社

自社を「7S」で考えると、ソフトの「4S」では、g.u.や海外への店舗拡大にともない、優秀な人材の欠如、そして店舗運営（管理）問題の再燃が予測される（Staff & Skill）、他の2つの要素（Shared Value、Style）は変わらず、今後も強みであり続ける。

ハードの「3S」では、国内市場への競合進出により、戦略（Strategy）転換の必要性が高まっており、人員増にともない、組織構造（Structure）の見直しも必要になってくる。ZARAやH&Mの強みである、スピード（2週間に一度商品が入れ替わる）についていくシステム（System）への対抗手段の導入が課題となるだろう。

日本は今後もデフレが続くだろうが、収入減や人口減で市場の拡大は見込み薄のため、ユニクロの快進撃も頭打ちとなる可能性がある。成長を企業活性化の原動力とするファーストリテイリングは必然的に、海外で勝負する場面が増えると考えられる。「ヒートテック」など品質に大きなアドバンテージのある商品は、海外でも受け入れられるのではないか。とくに、新興国（中国、インドなど）の寒冷地では大きな潜在需要があるものと考えられ、今後このような地域でユニクロ商品の人気が高まっていくことも予想される。H＆Mの商品は、ターゲットがおしゃれな若い女性。むろん、日本でもこのセグメントは伸びていくものと思われるが、あの「１０９」でさえ減収となるデフレ下で、今後どれほど業績を伸ばせるかが成長性を見極めるポイントとなるだろう。ユニクロのベーシック商品とＧＡＰの商品は、基本的に直接競合しないように見えるが、ユニクロがジーンズなどでＧＡＰの主力商品分野にもジワジワと攻め込んでいる。

ファーストリテイリングが「２０２０年・5兆円」を達成し、世界のアパレル産業でトップになるには、やはり「ヒト」の育成が最大の課題となる。しかし、思ったほどグローバル人材が育っていないのも事実だ。そこでユニクロは少しでも人材育成の期間を短縮するため、海外採用者から優秀な人材を選んで日本で教育したり、日本の優秀な店長を海外に派遣してユニクロのＤＮＡを伝えることでグローバルに活躍できる経営幹部を育てている。社内英語の公用化も楽天同様、急ピッチで進めている。

ユニクロと経営理論

ユニクロと経営理論との関係について、『柳井正　わがドラッカー流経営論』（日本放送出版協会）によれば、柳井会長はこれまで、ドラッカーの本を30冊ほど読んで経営の参考にしてきたという。まさに「我が意を得たり」だ。

柳井会長は、家業の経営を父親から任されたとき、株式上場を決めたとき、フリースブームが去ったときなど、経営の節目ごとにドラッカーの著書を読み返して、自分の立ち居地を再確認している。それと同時に、時にドラッカーの言葉に勇気づけられ、背中を押されたような気がすると述べている。「ドラッカーはぼくにとっての経営の先生であるとともに、進むべき道、企業のあるべき本質的な姿を示してくれる羅針盤のような存在だ」と語っている。

なかでも私がまさに本質を突いていると感じたのは、柳井会長がドラッカーの言葉から最も影響を受けた言葉の1つが、企業の目的を**「顧客の創造」**と断言していることだ。

企業にとって最も重要なのは「何を売りたいか」よりも、「お客様が何を求めているか」を考え抜くこと。そのような商品を社会に提供することで、社会や人に貢献することが企業活動だと理解し、実践している。それこそ、「経営理論を使いこなすこと」の最終的な目的であろう。柳井会長がここまで高いビジョン・経営理念を持たれているからこそ、ユニクロは世界に通用する企業足り得るのだと思う。

最後に、ユニクロの企業事例からの重要な示唆として、ユニクロが成功している背景には、「ドラッカーも含めた経営理論、とりわけ、クリティカル・シンキングの発想が至るところでベースにある」ことだ。つまり、ユニクロが世界企業を目指す過程で、「グローバルで成功する」ための**「ロジック（論理）」を明確にしている**のである。

いわば、ユニクロの哲学や経営戦略などを、「顧客を創造する」というコンセプトのもと、論理的に分析、整理されている。それが社員に、取引先に、顧客に目に見える言葉として表現される。そして、その言語化されたロジックを、1つずつモレなく、ダブリなく実行していけばよいということになる。

第3章

経営戦略

——企業理念を形にする事業計画の作り方

［アップル］

「ヒト」「モノ」「カネ」を最大化させる「経営戦略」の作り方

ビジネス・事業とは、既存の事業基盤を使って、あるいは何もないところから社会に付加価値をもたらす商品・サービスの提供によって利益を生み出し、企業を成長させていく経済活動全般を言う。提供する商品・サービスは特別な価値があるものでなければ市場での競争力に欠けるため、事業として成立しない。

ここで留意すべきは、**特別な価値が、過去や他社との比較で判断される〝相対的な優位性〟**であることがほとんどだということだ。これをわかりやすい表現にすれば、「B社の商品よりA社のほうがいい」「C社が新しく始めたサービスは、以前よりはるかに使い勝手がいい」となる。したがって、社会情勢や市場の成熟度合い、別の価値などとの兼ね合いによって、価値は著しく低下する。にもかかわらず、過去の成功体験が強烈であればあるほど、永久に続くかもしれないと錯覚してしまう。

企業が激しい環境変化のなかで、特別な価値を提供し続けるには、クリティカル・シンキングをベースにイノベーション（革新）を起こして競争優位性を保つ経営戦略を考え、それを自社の経営資源で実現可能な事業計画に落とし込む必要がある。

経営は、この経営戦略に沿って、「ヒト」「モノ」「カネ」の使い方を決める。つまり、第1章で解説した図1－3のように、経営戦略のピラミッドの最上位に位置し、マーケティング、アカウンティング&ファイナンス、人材マネジメントの総合的な行動指針、判断基準となる。経営戦略は図3－1のようなプロセスを経て策定され、実行される。次のような流れだ。

① 企業のビジョン・経営理念を策定する
② 業界などの外部分析を行ない、企業の内部分析を行なう
③ ①、②を踏まえて、戦略オプション（選択肢）でさまざまな可能性を考慮し、エッセンスとなる戦略の選択を行なう
④ 最後に、戦略の実行&レビューを行ない、精度を上げていく。第1章の図1－7で示した経営理論を使いこなす人の企業版と言える

具体的な経営戦略の策定では、まず**「ビジョン（なりたい理想の姿）」**から考えなければならない。ビジョンは、企業が法人としてどんな企業になりたいかの頂点（理想）の姿を表わしたものだ。このビジョンから生まれるものが、創業者やその時々の経営者の「経営理念」であり、トップが考える企業の近未来の姿や、その経営者固有の経営哲学である。

たとえば、ソニーの経営理念は、創業者の井《い》深《ぶか》大《まさる》氏らが定めた会社の設立趣意書で表わされている。

「真面目ナル技術者ノ技能ヲ最高度ニ発揮セシムベキ、自由闊達《かったつ》ニシテ愉快ナル理想工場ノ建設」

「自由闊達にして愉快なる理想工場の建設」がソニーの目指す姿であり、音楽を持ち歩くウォークマンの開発はさぞ「愉快」な仕事だったに違いない。

この経営理念に基づいて作られるのが、具体的な事業の方向性を示す**「経営戦略」**となる。**どの顧客の、どのようなニーズをターゲットに、どのような製品・サービスを展開していくのかを決定し、表現したもの**で、個別具体的な数値目標が明記された中期経営計画や単年度の経営計画・事業計画として提示される。

3-1 経営戦略策定・実行の基本プロセス

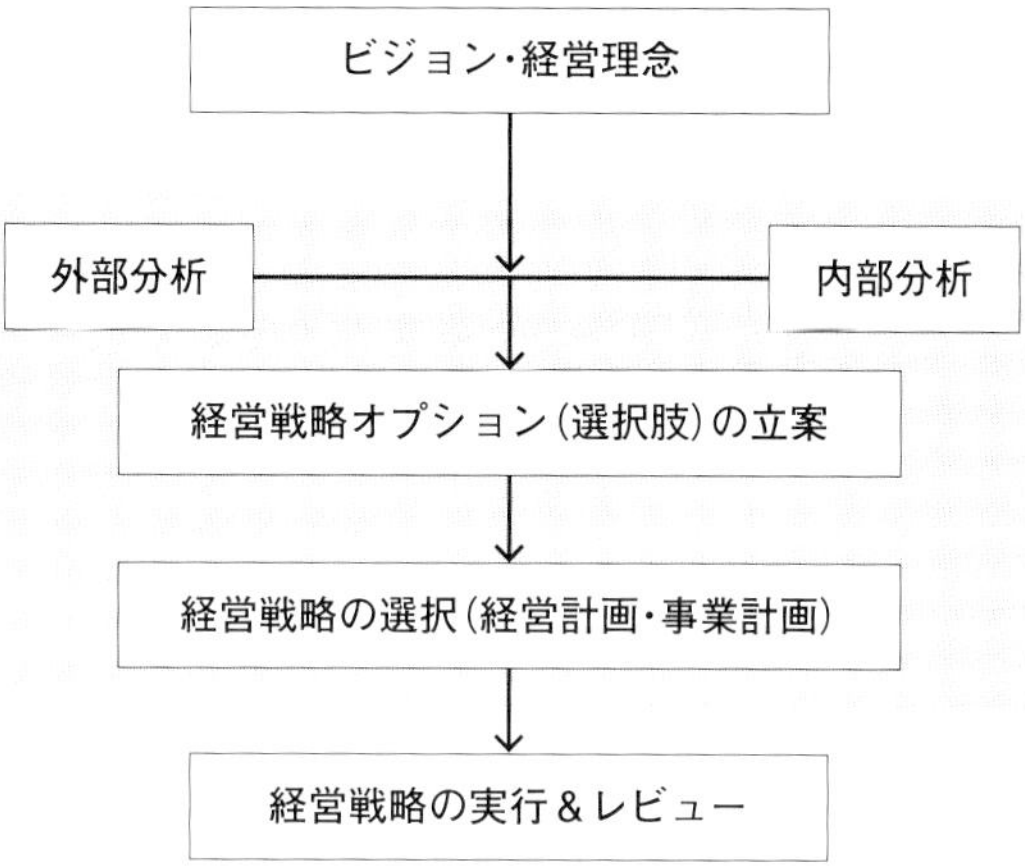

会社の存在意義（経営理念）を具現化させるために存在する経営戦略をどの順番で見える化して分析するかも、次のように「MECE（モレなく、ダブりなく）」の考え方に基づくフレームワークの定石がある。

社会・業界などの外部分析

①マクロ分析として、「PEST分析」でまずは社外の社会全体を大きくとらえる

②「ドメイン（事業領域）設定」で戦う領域と戦わない領域を選択する

③「5フォース（5つの力）分析」「アドバンテージ・マトリクス分析」で業界構造や業界の競争要因を把握する

企業の外部環境分析・内部分析

④「3C分析」「SWOT分析」「バリュー・チェーン分析」が自社のポジショニングなどを行なう定石だが、これらを補強・代替するフレームワーク（「ポートフォリオ・マトリクス」「アンゾフの成長マトリクス」「ポーターの3つの競争戦略」）で、自社の外部、内部における特質を明確にする

そのほかの分析

⑤「競争上の地位」「事業のライフサイクル」で、さらに事業の本質を浮き彫りにする

企業に、なぜ「マクロ分析」が必要なのか？

事業計画を作成するにあたって、外部のマクロ分析では、**自社でコントロールできない要素や、企業活動に影響を与える外部要因を検証する。**人口動態、政治・法律、経済、文化、社会・環境、技術など典型的なマクロ分析の手法として、**政治（Politics）、経済（Economy）、社会（Society）、技術（Technology）の頭文字を取った「PEST分析」がある。**

一企業の事業計画を作成するのに、なぜ外部環境分析、とくに世界情勢といったマクロ分析を行なう必要があるのか理解できない、あるいは必要性は感じているものの、雲をつかむような話で、何をどう分析して、自分の仕事に役立てたらよいのか見当がつかない人もいるかもしれない。

しかし、東日本大震災によるサプライチェーンの寸断、タイの洪水が原因で起きた工業団地の生産停止、ヨーロッパ債務危機による過去最高水準の円高や世界経済の減速懸念などはすべて、２０１１年の1年間に起きた出来事である。大小問わず、多くの日本企業がその影響を受け、事業（生産）計画、業績見通しの修正変更を迫られたではないか。

もちろん、天災のリスクや世界経済の変動要因をすべて把握して最小化することは事実上、不可能だ。しかし、世の中の流れを読もうとすること、社会がこう変わったら何が起こるかをある程度、予測できるようになると、ビジネスの視界が時間・空間を超えて一気に広がる。たとえば、時流に乗った新興国をはじめとした成長市場で戦うビジネスの成功確率は、縮小傾向の市場で勝負するより高い。このマクロ分析を行なうことで、**どの市場で戦うべきか**が見えてくる。

今や縮小傾向の日本国内マーケットよりも、中国などの大きな成長市場に出ていく企業はあとを絶たない。また、成長市場という点では、日本国内でも、ケータイ（スマートフォン）ゲーム市場の成長速度は著しい。たとえば、「モバゲー」で急成長したディー・エヌ・エー（ＤｅＮＡ）も、もともとネットオークションのビジネスモデルで起業したＩＴベンチャーだが、起業時には想定していなかったケータイゲームに本格参入し、業績を大きく伸ばしている。

「どこで戦い、どこで戦わないか」を決める

ドメイン（事業領域）の設定については、企業は事業において、戦う場所と戦わない場所を決めねばならない。この定義の仕方によって今後の対応が変わってくる。

企業に事業ドメインが必要な理由は、活動する事業分野を規定することで、無謀な多角化などを抑制できる。また、事業展開の方向を指示することで、経営資源を有効活用し、企業のベクトルを同じ方向へ集中させられるからでもある。

ドメインの設定方法は、次の考え方による。**企業のコアコンピタンス（中核となる強み）を基に、「誰に（顧客）」「どんなテクノロジー（技術）やメソッド（方法論）」で、「機能（価値）」を提供するかを決める。**この設定を誤ると、顧客に企業が提供する価値の相対的優位性が伝わらないため、商品・サービスが売れず、事業が頓挫しかねない。事業領域の設定1つで、ビジネス・事業の方向性がよくも悪くも大きく決まってしまう。

アップル復活の味方となった時代背景

２０１１年10月に急逝したアップルの創業者であり、ＣＥＯであったスティーブ・ジョブズ氏のビジネス哲学により、ｉＰｏｄ、ｉＰｈｏｎｅ、ｉＰａｄなどが次々と世の中に商品として送り出された。

同氏の顧客重視の考え方や、使い勝手へのこだわり、コスト重視の考え方がなければ、世界を席巻するこれらの商品は生まれなかったに違いない。**経営戦略は、「会社の存在意義（ビジョン・経営理念）を具現化させるために存在」している。**まさにジョブズ氏の哲学を具現化した企業がアップルである。

１９７６年創業の同社はマック（マッキントッシュＰＣ）で一時代を築いたが、互換性の問題などにより、業績が悪化し、ジョブズ氏も１９８６年に会社を追われた。しかし、ＣＥＯとして復帰したジョブズ氏の指揮の下、２００１年に発売されたｉＰｏｄの大ヒットにより、2005年9月期には、過去最高の売上高139億ドル、純利益13億ドルを達成して復活を果たした。

現代はメディア・コンテンツなどの壁が崩れて、スマートフォンに情報が集中するような時代になってきている。つまり、新聞、雑誌、書籍、TV、ラジオ、電話、パソコン、美術、映画、音楽、スポーツ、ゲームなどの垣根が崩れ、スマートフォンに集約されて楽しめる時代が到来している。「新しい時代を切り拓いたジョブズ氏＝アップル復活」のケーススタディから、グローバル化したビジネスの最前線の経営戦略として学べるものは少なくない。では、まずアップルが既存のビジネスモデルを一変させた2006年当時の世界の政治、経済、社会、技術の流れなどはどのようなものであったか。「PEST分析」で見ておきたい。

政治

アメリカと中国の二大国が対峙するなか、リーマン・ショック（2008年秋）前で、主にアメリカが世界を主導的に牽引していた。アメリカはブッシュ政権の2期目であり、このときには誰もリーマン・ショックなどが起きるとは夢想だにしていなかった。

経済

そのようななかで、経済もやはりアメリカ、中国の二大国主導体制が続き、世界は100年に一度と言われる世界同時不況（リーマン・ショック）に向かっていたが、2006年の時点ではそのような兆候はまだ顕在化していなかった。ただ、アメリカの住宅がどんどん売れるような消費の勢いについては、その理由が必ずしも明確ではなく、不気味な不安要因を抱えていたのは事実である。また、中国経済も年率8％ほどの経済成長を続けてはいたが、いつバブルがはじけてもおかしくない危うさを秘めていた。

社会

環境問題が世界的関心を集めつつあり、自動車ではハイブリッド車が注目を浴び、電気自動車の実用化も現実になりつつあった。一方、IT革命もその流れを本格化させており、マイクロソフト（パソコンOS）、グーグル（検索エンジン）、アップル（携帯音楽プレーヤー）、フェイスブック（SNS）など、社会に新しいメディア、情報サービスが次々に誕生していた。

技術

日進月歩ならぬ分進秒歩で、電気自動車やスマートフォンなどの次世代機種の企画、開発が進み、技術革新が相対的に起こりやすい環境にあった。携帯音楽プレーヤーの市場は、アップルが世界シェアの7割を占める流れにあった。

ジョブズ氏のビジネス哲学は、2007年1月発売のiPhoneで見事に結実するが、今日までに世界で累計5000万台を超える、世界レベルでの空前の大ヒット商品（＝ビジネス）となっている。

2008年のリーマン・ショック以降、世界は同時不況の様相を呈しているが、政治・経済の高いハードルを越えて、アップルは成長し続けている。しかし、社会・技術の変化などを注意深く観察すれば、このような技術革新が起こる土壌は育っていたという断片くらいは垣間見ることができる。

さて、「ドメイン設定」としては、アップルの「コアコンピタンス」は、ジョブズ氏のビジネス哲学を具現化した、iPod、iPhone、iPadのような、単なる電化製品ではなく、ライフスタイルの一部となるエンターテインメント・デバイスを、世界レベルで企画、開発、生産、販売する力と言えよう。「顧客」は、主に全世界の個人である。「技術」は、パソコンとiPodなどをつなぐiTunesというソフトウェアによって、情報のインフラが整備された。「機能」は、スマートフォンを通じてあらゆる情報にアクセスが可能になることだ。

マイクロソフトはウィンドウズで世界のデファクトスタンダードを勝ち取り、グーグルは検索エンジンで世界中の情報を一手に握ろうとしている。アップルはiTunesによって情報のインフラを整備し、拡大することによって世界中の個人を囲い込む経営戦略をとっている。そして、自分たちの「顧客」「技術」「機能」をベースとした事業領域で戦っており、これら以外では戦わないと決めているのだ。

「業界分析」で現在地と将来の方向性を探る

業界分析のツールは、主に「5フォース分析」と「アドバンテージ・マトリクス分析」に焦点を当てる。「5フォース分析」では、次の5つを分析する。

①業界内の競合他社
②代替品の脅威
③買い手の交渉力
④売り手の交渉力
⑤新規参入の脅威

これらを分析することで、**業界の収益構造や競争の鍵を発見したり、将来の競争の変**

3-2 5フォース（5つの力）分析

「携帯音楽プレーヤー業界」の5つの力

⑤新規参入

新規参入企業は存在するが、いずれもシェアが低く、ほとんど脅威にはなり得ない

②売り手

サムスン電子などの部材メーカーに対しては、圧倒的なシェアがあるので、やはりアップルが強い

①「携帯音楽プレーヤー業界」

7割という圧倒的シェアを背景に、アップルが基本的に優位な業界構造（競合はソニー、パナソニックほか）

③買い手

買い手である顧客（一般個人顧客）は、アップルの強い信奉者が多く、アップルが強い

④代替品

携帯音楽機能を有するスマートフォンはそれ以外の多機能を有し（通信など）、一挙にとって代わられる脅威となる

化を予測することが可能になる。たとえば、売り手と買い手のどちらの力関係が強いかなどは主観的な判断となり、総合的に考慮して優劣をつけることが予想以上に難しい。

iPhoneにとって代わられる前に、iPodという携帯音楽プレーヤーも、空前の大ヒット商品となっていた（2006年までに、世界で5000万台を販売）。しかし、「代替品の脅威が大きい」という業界での力関係こそが、次のiPhoneの爆発的なヒットにつながったことがわかる。この分析④の通りに、アップル自社内ではあるが、iPodは見事にiPhoneという代替品にとって代わられた。

「アドバンテージ・マトリクス分析」では、業界の競争要因の数と優位性構築の可能性の2つの変数により、次の4つの事業タイプに分ける。

①特化型事業
②規模型事業
③分散型事業
④手づまり型事業

タイプにより事業の経済性が異なり、成功の可能性も異なる。**自社の属する業界がどのタイプに位置づけられるかで、とるべき経営戦略の基本的方向性の示唆が得られる。**

この分析手法でわかるのは、アップルの携帯音楽プレーヤーｉＰｏｄの事業が、①特化型事業（競争要因がいくつか存在し、特定の分野でユニークな地位を築くことで優位性構築が可能な事業）であることだ。

ｉＰｏｄは、ｉＴｕｎｅｓという特殊なソフトウェアだけでなく、卓越したデザイン性、

3-3 アドバンテージ・マトリクス

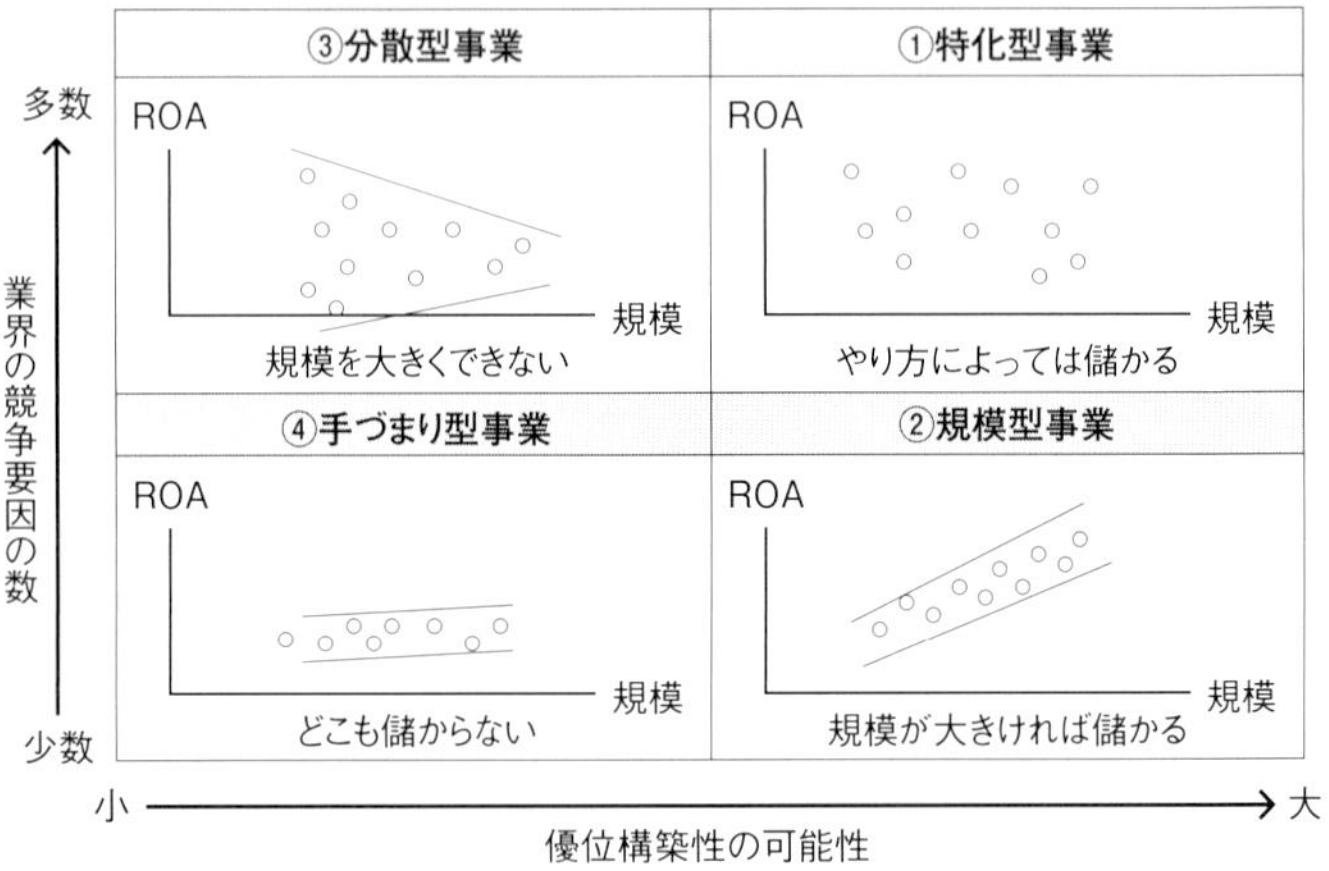

操作性を用している。アップルストアで、毎日お客様のサポートをしてくれるスタッフ（ジーニアス）の存在。そしてｉＰｏｄを核にした、アクセサリー類だけにとどまらない車や飛行機などにも拡大する「ｉＰｏｄエコノミー」と言われる独自の経済圏という、それらのアドバンテージからユニークな地位を築き、成功した。

これがｉＰｈｏｎｅ、ｉＰａｄ事業にも受け継がれているが、今後はｉＰｈｏｎｅ、ｉＰａｄ事業は競合との差別化の度合が弱くなり、競争も激化し、自動車業界のような②規模型事業（規模の利益を追求することで優位性を構築できる事業）へ移行するものと思われる。

「外部環境分析・内部分析」で企業の全方位の情報を手に入れる

「3C」「SWOT分析」については第4章で詳しく触れていくが、ここでは主に企業の外部環境分析として考える。「3C分析」は、市場（顧客を含む）は市場規模・ニーズ・購買決定者、自社は売上高・市場シェア・収益性・技術力、そして競合では寡占《かせん》度、参入障壁、戦略、経営資源などの観点から分析する。

「SWOT分析」は、内部環境であるStrengths（強み）とWeaknesses（弱み）を分析し、市場におけるOpportunities（機会）を探り、自社にとってのThreats（脅威）を見つけ出すためのフレームワークである。

企業の内部分析として、「バリュー・チェーン（Value Chain）分析」は、企業が提供する製品やサービスの付加価値が事業活動のどの部分で生み出されているかを分析する。

企業の全社戦略を策定する際に有効なものは、次の2つだ。①ポートフォリオ・マトリクスで、事業の魅力度と競争上の優位性を評価し、②アンゾフの事業拡大マトリクスでは、事業拡大と多角化の示唆を得る。

①ポートフォリオ・マトリクス

重要であると思える要素を絞り込み、2軸にまとめたマトリクスから各事業を位置づけることで、その事業に関する示唆を得ることができる。主にボストン・コンサルティング・グループ（BCG）やGEのマトリクスが有名で、最善の資源配分を戦略的に行なうことを可能にする。

②アンゾフの事業拡大マトリクス

事業拡大と多角化の基本戦略を行なううえで有効なマトリクス。既存市場、新市場、そして既存商品、新商品という軸を使う。

「ポートフォリオ・マトリクス」は、事業の魅力度と競争上の優位性の評価を単純化した

3-4 ポートフォリオ・マトリクス分析とアンゾフの事業拡大マトリクス分析

●BCGのポートフォリオ・マトリクス分析

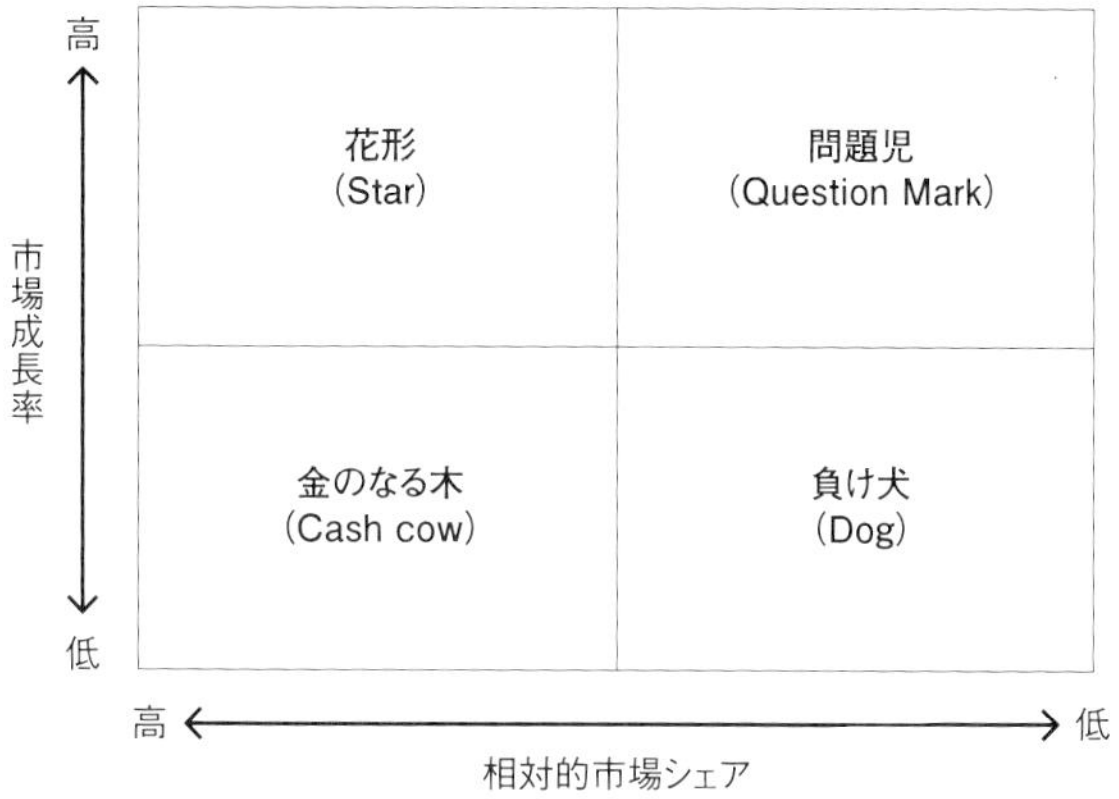

●アンゾフの事業拡大マトリクス

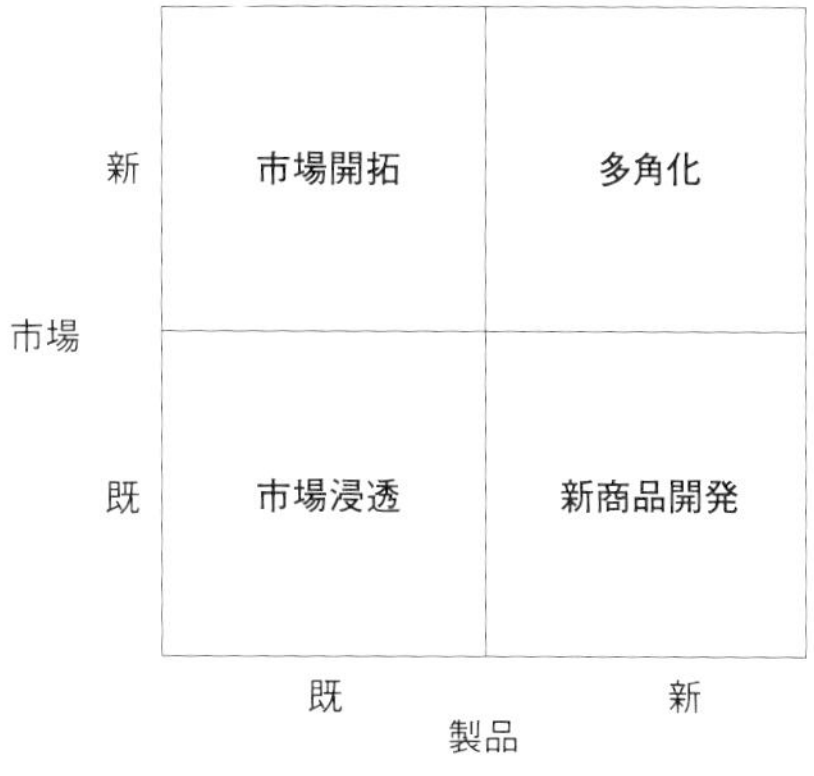

モデルである。アップルの携帯音楽プレーヤー事業（ｉＰｏｄ）をここに当てはめると、圧倒的な「花形事業（Star）」（シェアも成長性も高い）と言える。よって、次にとるべきは、その成長性を維持しつつ、さらに成長するための投資を行ない、将来の「金のなる木（Cash cow）」（シェアが高いが成長性が低い）に育てる戦略となる（ただし、後述の通り、アップルは大胆にｉＰｈｏｎｅ、ｉＰａｄにシフトを進めて新たな「花形事業（Star）」を生み出す戦略をとった）。

アップルの携帯音楽プレーヤー事業（ｉＰｏｄ）が成功し、次なる成長戦略を考える際に、選択肢が３つあった。１つ目は、同じ市場に対して新しい製品開発を行なうこと。２つ目は、製品は変えずに新たな顧客を取り込み、市場の拡大を図ること。３つ目は、新しい製品を新しい市場に展開すること。アップルは３つ目の選択肢である、複合的に携帯音楽プレーヤー（ｉＰｏｄ）を包含する新しい通信機器（ｉＰｈｏｎｅ、ｉＰａｄ）を創造し、新しい製品で新しい市場を切り開いて大成功を収めた。アップルはまさに、「アンゾフの事業拡大マトリクス」を応用している。

「ポーターの競争戦略」で成功した企業

既述の通り、「ポーターの3つの競争戦略」は、①コスト・リーダーシップ戦略、②差別化戦略、そして③集中戦略の3つがある。外部・内部分析の結果を十分考慮し、どの戦略が有効であるかを判断する。

なかでも、**コスト・リーダーシップ戦略は、他社のどこよりも低いコストで競争に勝つ戦い方である。**世界ではウォルマート、日本ではユニクロ（ファーストリテイリング）、家電量販店のヤマダ電機、旅行会社のエイチ・アイ・エス、家具のニトリなどが採用している。

「ブルーオーシャン戦略」は、ポーターの競争戦略をさらに発展させた経営理論となる。**競争優位の構築にあたり、競争で「相手を負かそう」という発想をやめ、新しい未知の市場空間を創造する考え方**だ。新たなマーケットを創造した結果、独り勝ちとなる経

3-5 ポーターの3つの競争戦略

①コストリーダーシップ戦略：
他者のどこよりも低いコストで競争に勝つ戦略
（例：ウォルマート）

②差別化戦略：
製品品質・品ぞろえ・流通チャネルなどの違いから競争に勝つ戦略
（例：モスバーガー）

③集中戦略：
特定市場に的を絞り、企業の資源を集中的に投入して競争に勝つ戦略
（例：マイクロソフト）

		戦略の有利性	
		顧客から特異性が認められる	低コスト地位
戦略ターゲット	業界全体	②差別化戦略	①コストリーダーシップ戦略
	特定セグメントだけ	③集中戦略 差別化集中	コスト集中

営理論である。最近の企業実例では、任天堂の新型ゲーム機「Ｗｉｉ（ウィー）」の企画・開発は、ブルーオーシャン戦略の実践である。これまでゲームであまり遊ばなかった小さい子どもや大人にも満足してもらえるゲームを世の中に送り出すことで、ブルーオーシャン（新市場）を開拓した。Ｗｉｉは「非顧客」を顧客化した典型的な事例である。

フェイスブックなどＳＮＳのビジネスモデルを説明する経営理論が**「プラットフォーム戦略」**である。インターネット上に、プラットフォームを構築することで、全世界の人々が無料で利用できるサービスを提供して、その希少性で広告収入などを得る。また、楽天のように自らがプラットフォームとなり、参加した企業からマージン等が入る、というケースもある。

話をアップルに戻すと、ｉＰｏｄ ｎａｎｏは当時2万円台前半という驚異的な価格で、ソニーなどの競合他社を低価格で圧倒した（ネットワーク・ウォークマンの価格が3万円台前半）。これだけの低価格の実現は、アップルが圧倒的なシェアを背景に、韓国・サムスン電子よりＨＤＤ（ハードディスクドライブ）に十分対抗できるフラッシュメモリーを調達することに成功した結果である。サムスン電子との提携により、アップルのコスト面における競争優位が実現できている。

さらに、通常の量販店に支払うマージンは20〜30%と言われているが、アップルの場合は8%と極端に低い。だが、アップルは圧倒的なブランド力があるために、このようなマージンの率でも、量販店の収益性は短期的には伸び続けている。

先述したように、差別化戦略では、製品の品質、品ぞろえ、流通チャネルなどの違いから競争に勝っている。デジタル娯楽のインフラ企業とも言え、マックをハブとして、そこにiPodなどをつなぎ、さまざまなコンテンツを提供する連鎖的な商品展開を行なっている。ハードのつなぎにともなう負担を最小化するために、「ソフトウェアはユーザーの体験そのもの」という考えから、「ユーザーフレンドリー」が徹底的に追求され、機能と使い勝手の両立を実現させた。薄さ、色、形状など、持つ人や見る人の心をとらえる卓越したデザイン性を誇るハードウェアも含めて操作性が際立っている。

主要販売チャネルの1つであるアップルストアが、「アップル（＝スティーブ・ジョブズ）のコンセプトすべてを体験する場所」と位置づけられている。「ジーニアス（天才）」という専門家のスタッフがコンシェルジュのように問題解決してくれる。

iPodにつながるすべての商品は「iPodエコノミー」と位置付けられ、直接的・間接的にiPodをサポートする仕組みを作り上げている。自動車産業などにもiPod

対応が可能なカーオーディオなどを搭載するよう働きかけ、「ｉＰｏｄ対応車」の導入なども進められた。結果、顧客にとってアップルの商品がライフスタイルに占める割合は必然的に増えていく。

集中戦略では、アップルは特定市場に的を絞り、企業の資源を1つのベクトルに束ね、投入して競争に勝っている。ちなみに、アップルの競合であるマイクロソフトが採用して成功を収めたＯＳのＷｉｎｄｏｗｓシリーズは、パソコン市場でのシェア約90％を占める世界の「デファクトスタンダード（事実上標準化した基準）」とも言われている。パソコン市場で覇権を握ったマイクロソフトだが、ネット市場で猛烈に力をつけたグーグルに差をつけられ、その差はますます広がっている。マイクロソフトがパソコンに加えて、ネット市場で覇権を握ることができるかが、同社の命運を左右するだろう。

「競争上の地位」に応じて戦略を使い分ける

業界内の企業は競争上の地位によって、**①リーダー**、**②チャレンジャー**、**③フォロワー**、**④ニッチャー**の4つに分けられる。この競争上の地位によって、企業の戦略は制約を受ける。

「リーダー」の戦略は当然ながら、ナンバー1の地位を維持するための戦略を練る。市場規模拡大、シェアの維持や拡大が挙げられる。

「チャレンジャー」の戦略には、「リーダー」との直接対決（「リーダー」と同じ領域で勝負を挑む）、背面攻撃（「リーダー」がまだ強化していない領域に注力して、シェアを奪う）、後方攻撃（自社よりもシェアの小さい企業を攻撃対象とする）が挙げられる。

競合企業から極端な反撃を招かない方法で、成果の最大化を目指す「フォロワー」の戦略もある。たとえば、三洋電機（パナソニックの子会社）は、「リーダー」に追随した製品などを割安な価格で販売する戦略をとっている。

そしてニッチ市場で高いシェアを確立する「ニッチャー」ならではの戦略で知られるのが、船井電機だ。同社は電機業界で三洋電機などよりもさらに低い価格と海外への積極展開で独自のニッチ戦略を実行し存在感を示している。

２００６年当時の携帯音楽プレーヤー市場の「リーダー」は、当然のことながら、ｉＰｏｄを擁するアップルだ。アップルはナンバー１の地位を確保するために、ｉＴｕｎｅｓを浸透させることに腐心した。ジョブズ氏は『フォーチュン』誌のインタビューで、アップルのコアコンピタンスについて次のように語っている。

「ハイテクをごく普通の人を驚かせ、悦ばせ、そしてそれをどうやって使えばよいのかがわかるような状態にしたうえで届けてあげる能力である。その鍵となるのがソフトウェアである。ソフトウェアはユーザーの体験そのものなのだ」

つまり、ユーザーはｉＰｏｄを買った時点で、複雑な操作をすることなく、ｉＴｕｎｅｓをはじめとした新しいライフスタイルを、すぐに快適に使えるようになる。リーダーでありながらも、つねに顧客視点に立ち、顧客の利便性を追求することで、結果的に他社が追随できなくなる戦略と言えよう。

「事業の４つのライフサイクル」に合わせて戦略の流れを読む

期間が区切られていない既存事業にも、商品やプロジェクトと同様、ライフサイクルがある。①**導入期**、②**成長期**、③**成熟期**、④**衰退期**のそれぞれに応じた経営資源の配分、戦略が必要になる。

この事業ライフサイクルを見事に読み切ったのもアップルだ。２００６年当時、ｉＰｏｄ販売累計台数が、世界で５０００万台を超えたときに、ｉＰｏｄは依然②成長期にあった（まだ頭打ちではなかった）。しかし、携帯電話と携帯音楽プレーヤーの２つを操っているユーザーを見て、両者がいずれは1つのデバイスとなることを予感したジョブズ氏は、ｉＰｈｏｎｅが市場に投入される２００７年の3年前の２００４年には携帯電話の参入を考えていたという。携帯音楽プレーヤーの事業ライフサイクルを読み切ったうえでの、携帯音楽事業への転換戦略であり、これがなければ、現在のｉＰｈｏｎｅの大成功はな

3-6 事業ライフサイクル

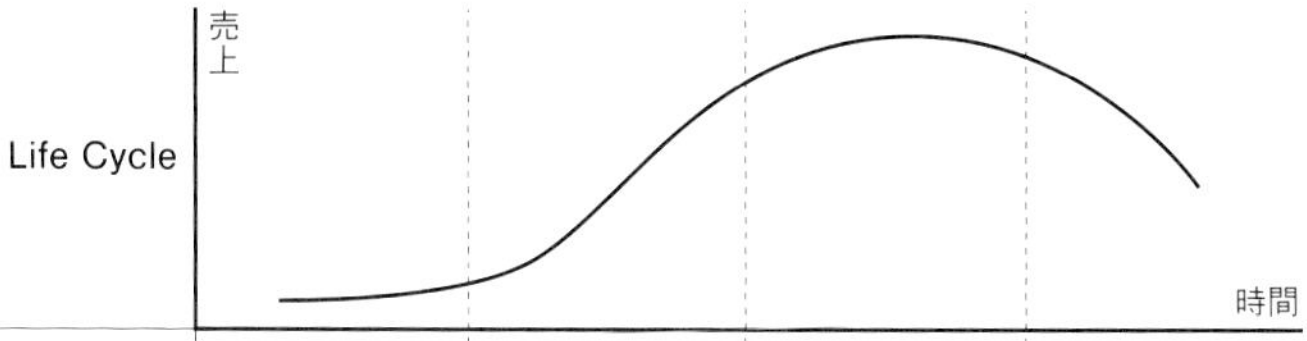

Life Stage	導入期	成長期	成熟期	衰退期
特徴	製品が市場に導入されたばかりの時期	売上が増加し、市場規模が拡大する時期	市場規模が最大化。製品が市場にある程度行き渡った時期	売上が減少し、撤退を検討する必要がある時期
利益	小またはマイナス	大	低下	損失の可能性

かっただろう。

①導入期——新しい製品を販売開始した直後は認知度が高くないため、需要量は低い

②成長期——一度認知され成長期に入ると需要量は急激に増加するため、市場に参入する業者が増加する

③成熟期——需要量は頭打ちとなるものの、市場参入業者はさらに増加するため競争が激化する

④衰退期——技術革新などのために衰退期に入ると需要量は減少し、市場から業者が撤退していく

成熟期の戦略

このライフサイクルでは、競争が激化して収益性が低下する。ポーターによると、以下の3点が重要であるという。

1 製品の原価計算の精度を向上させ、収益性が高い製品と不採算製品とを識別し、製品の絞り込みや見直しを行なう
2 コスト競争力の強化
3 既存の顧客への品ぞろえを充実させ、購買幅を広げること

衰退期の戦略

次に衰退期の戦略には、大きく次の2つの選択肢がある

このライフサイクルでは、退くか、新たな手を打つかの2択を迫られる。

1 事業からの撤退（撤退のメリットがデメリットを上回るようであれば、撤退の意思決

定を行なう）

2 新規事業の立ち上げ（技術革新などのハード要素や、ビジネスシステムの変革などのソフト要素があれば、新規事業を立ち上げる。ニッチ市場を開拓することもある）

実は、このアップルの事業ライフサイクルの話には、伏線がある。アップルは、ｉＰｏｄ、ｉＰｈｏｎｅの事業ライフサイクルの切り換えに成功したわけだが、ここに至るにはたくさんの失敗を重ねた歴史がある。１９８４年に発売したマッキントッシュは、爆発的に売れたがソフトウェア不足で失速し、ついにはジョブズ氏がアップルを追われる要因になった。また、アップルを去ったジョブズ氏がネクスト社で開発したネクストキューブも価格が高過ぎて売れず、ついにはハード部門の売却を余儀なくされた。

ただし、それらの失敗は、ジョブズ氏の脳裏に焼きついただけでなく、次なる挑戦への理想と現実とのギャップをつかむことになったのだろう。そして、事業ライフサイクルの失敗も含めて、改善点となり、ｉＰｏｄ、ｉＰｈｏｎｅの成功につながる。そうでなければ、何より成功を収めている最中のｉＰｏｄを、ｉＰｈｏｎｅで代替させるという発想には至らなかっただろう。

アップルの軌跡と経営戦略の本質

アップルの成功要因として、iPodは「操作性に優れたファッショナブルなハードで無数の音楽が聴け、価格も安価」というサプライズでユーザーの購買意欲をくすぐり、「独り勝ち」していること。そして、ジョブズ氏のフィロソフィーを具現化していった結果、競合他社が簡単には真似できない「差別化戦略」へとつなげていることの2つが挙げられる。しかしながら、ジョブズ氏のフィロソフィーが強いほど、後継問題などが起こり、同氏がいなくなった場合のビジネスリスク（不確実性）が大きい。アップルはそのような不安を抱きながら、同氏は2011年10月に56歳の若さで急逝した。

携帯音楽プレーヤー市場は、一気にスマートフォン市場に呑み込まれることとなった。現時点では、アップルのiPhoneが世界の主流になっているが、スマートフォン市場は、今後、グーグルやマイクロソフトなどとの覇権を争うレッドオーシャンとなるリスクも内包している。また、商品の品質的な課題として、ｉＰｈｏｎｅは電池がすぐになくなるなどの技術的な問題もあり、改良の余地も少なくない。ユーザー数の爆発的な増加というメリットと同時に、それだけ評論家も増えるため、新たな課題が出てくる可能性も高い。

これまでのアップルの軌跡と、経営戦略というツール（道具）の効用について、どのように感じられただろうか。暴れ馬のようなジョブズ氏が、「人々の生活を変えるツールを創る」というビジョンを実現するプロセスを通して、その副産物として、世の中にｉＰｈｏｎｅやｉＰａｄという新しいライフスタイルを提供する革新的なデバイスを残した。それは、**戦略はマインド（ビジョン）からスタートする**、ということを改めて教えてくれた気がする。

リーマン・ショックに代表されるように、ビジョン・経営理念を置き去りにした金権主義はピークに達した。アップルは、そのような暗雲が立ち込める時代に夢を与えて、社会にイノベーションが起こる礎を築いた。そしてジョブズ氏亡き後の世界は、これまで以上に人々の生活を変え得るビジョンを掲げ、それを経営戦略に落とし込める経営者を必要としている。

第4章

マーケティング

——市場を制す売れる仕組みの作り方

［P&G］

ビジネスは「売れる仕組み」をマスターした者が制する

マーケティングとは「モノを売る仕組みを作ること」である。経営理論のピラミッド（図1－3参照）では、最上層の「経営戦略」に次ぐ2層目に位置付けられる。企業は、売れる製品・サービスを市場に投入し、売上を上げ続けた結果としてキャッシュフローが生まれ、「売上－コスト」で得た利益を再投資していくことで持続的な成長が可能になる。

しかし、自社の製品・サービスがつねに売れ続けるとは限らない。顧客ニーズや外部環境の変化もあれば、競合との激しい競争による売上減も日常茶飯事。ハードなどの技術革新や規格変更にともなって、市場そのものが消滅してしまうことすら珍しいことではない。

自社の製品・サービスを売る行為がいかに難しいか。「売上を上げたい！」と思っていても、どこから手をつけていいかわからない、担当業務の範囲で努力はしているが期待した結果が出ないというケースも少なくないのではないだろうか。市場（マーケット）を見ることはできないが、マーケティングというミクロ分析のメガネをかけて「見える化」する。それによってビジネス・事業の「モノを売る仕組み」のどこに欠陥や見落としがあるかがわかる。あるいは、潜在的な顧客ニーズを発掘して新製品の開発につなげたり、売上を上げるための販促プランや営業戦略などが明らかになる可能性が高い。

また、マーケティングは、企業の組織構造とも密接に関連している。企業はビジョンや経営理念に基づいて経営戦略を立て、中長期あるいは単年度の事業計画を策定する。その事業計画を実行し、数値目標を達成するために、大きく事業ドメイン別に事業部やカンパニーが編成され、さらにその中で製品別、サービス・機能別に分かれて部や課などが組織されるのが一般的だ。つまり、**マーケティングの経営理論は単体で機能するものではなく、ビジョン、経営戦略、事業計画と一体化して初めて機能する。**

マーケティングが強い企業とは、経営戦略が現場レベルにまで浸透し、組織としてモノを売る仕組み作りが機能していて、実践する能力にも長けている状態を言う。単にマーケティング部門が優秀だというレベルの話ではないのだ。どの順番で見える化して分析するかも、「ＭＥＣＥ（モレなく、ダブりなく）」の考え方に基づく定石がある。

①「3C分析」でまずは市場全体を大きくとらえる
②「SWOT分析」で競合と自社との相対的な関係を知る
③「STP分析」でターゲットの顧客層を特定する
④「4P分析」で製品・サービス特性を際立たせる
⑤「ニーズ・ウォンツ分析」で購入を後押しする最適な働きかけを行なう
⑥ほかにもっと魅力的な製品・サービスがないかを「Less・Same・More マトリクス分析」で検証する

市場に革新的な新製品を開発・投入する場合は、①～⑥のマーケティング理論を駆使して売れる仕組みを作り上げる必要がある。また、既存の製品・サービスの売上を伸ばそうとするのであれば、①～⑤のマーケティング理論を使って再検証し、自社製品のマーケタビリティ（市場性）をさまざまな角度から見直すことで、売上を増やすための具体的な手立てが見えてくるというわけだ。

P&Gがマーケティングを駆使して日本市場の王者に挑む

本章では、マーケティングという経営理論を実践で使いこなすという視点から、P&Gを取り上げる。同社は、徹底的な消費者調査を行なって潜在的なニーズを発見し、そこから画期的な製品を数多く開発してきた実績がある。扱う製品も、すぐに消費される非耐久性製品で、再購入を促すことが課題であり、店頭シェアの獲得やマス広告が重要な役割を果たしている。また、個人消費のための消費財で、不特定多数のエンドユーザーが対象という最寄品（なるべく多くの小売店で陳列してもらうことが売上増の決め手となるもの）という、誰もが使ったことのある身近な製品でマーケティングを学べる最適なケースだと思われる。

さらにP&Gは、世界有数のマーケティング企業でありながら、1972年の日本進出以来、赤字を積み重ねてきたにもかかわらず、ついに26年後の1998年に台所用洗剤市場で2強の花王とライオンを抜いて、メーカー別トップシェアを獲得するに至る苦節のヒストリーを有している。日本市場での弱者が王者に挑んで勝利するプロセスに、マーケティングの醍醐味が潜んでいる。

苦節の歴史の背景として、日本は世界第2位の巨大消費者市場ながら、日本の台所用洗剤市場にはすでに花王とライオンという寡占企業が8割ものシェアを占めており、この牙城を崩すのは至難の業と思われていたことが挙げられる。また、品質への要求基準が高い日本の消費者を相手にするのは、外資系企業にとってハードルが高かったという要因も大きい。しかし、P&Gはこうした市場のマイナス要因を分析しつつ、安易に撤退せずに中長期的な経営判断によって、後のサクセスストーリーにつなげていったのだ。

もう1つ付け加えるならば、「The Consumer is Boss.（消費者こそ王様）」というP&Gの経営哲学の存在である。これは2000年にCEOに就任したアラン・ラフリー氏が掲げた経営哲学で、同社の消費者志向のマーケティングの実践を象徴している。P&Gの事例を掘り下げることで、マーケティングとビジョン、経営戦略の一体化という経営の本質がより深く理解できるのではないだろうか。

「3C分析」によって、台所用洗剤市場の概況を洗い出す
～ステップ1～

P＆Gは1995年に、「ジョイ」というブランドの洗剤で日本の台所用洗剤市場に参入した。参入前の市場規模は約610億円で、花王とライオンが8割のシェアを占める寡占状態が長く続き、参入後の90年代後半以降、市場は縮小傾向にあった。その成熟市場において「ジョイ」は市場投入から3年で、2強の国内メーカー商品を押さえてトップシェアを獲得する成功を収めた。「ジョイ」の成功によって、成熟化して沈滞していた市場を活性化させ、新製品の開発競争が激化した。市場はP＆G、花王、ライオンの3強が縮小市場のパイを奪い合う競争状態に突入していくきっかけとなった。

市場を概括して「見える化」する「3C分析」は、外部環境の市場と競合の分析からKSF（成功要因）を見つけ出し、自社の戦略の分析に役立つフレームワークである。自社（Company）、顧客（Customer）、競合（Competitor）という市場の構成員を分析する。

この段階でありがちな失敗例として、競合の動向（たとえば、パソコン業界において、ユーザーが必ずしも望んでいない高スペック競争に明け暮れることなど）ばかり気にして顧客の存在を軽視してしまうケースがある。反対に、顧客しか見ていなかったために、競合に足元をすくわれること（たとえば、オフィス用品業界では、アスクルがオフィス用品の通信販売事業に参入するという、新たなビジネスモデルによる流通革命によって、コクヨをはじめとしたライバル企業の市場を一気に開拓したことなど）がよくある。不況下で増えていると思われるのが、実際にビジネスを行なう自社の社員を大事にせず、結果として組織としての強みが失われるケースなどだ。

P&Gのケースでは、次のように分析できるだろう。ちなみに、分析対象となる時代は、「ジョイ」によって市場が活発化した2000年前後から今日までとなる。

自社（Company）

1972年、日本に進出したものの、1980年代半ばまでに日本での損失は2億ドルを超えていた。そのようななかで、同社は「ジョイ」というブランドで台所用洗剤市場に参入し、「ジョイ」は市場導入からわずか3年でトップブランドに躍進した。マーケティングを得意とする会社として知られており、消費者調査を徹底的に行ない、潜在的なニーズを発見し、そこから画期的な製品を開発する能力に長けている。

顧客（Customer）

P＆Gが「ジョイ」発売前に行なった消費者調査では、消費者はとくに台所用洗剤には不満はなかった。また、どのブランドもイメージに差がなく、主たる購買理由は価格であった。しかし、消費者調査で消費者が食器用洗剤に求めるものは、第1が「手肌にやさしいこと」であり、第2は「油汚れの洗浄力」だった。また、同様に消費者調査で「除菌」を求めていることが判明し、「除菌もできるジョイ」を投入、シェアトップに躍進した。

競合（Competitor）

P＆Gの「ジョイ」が参入した際、花王とライオンがシェア8割を占める典型的な寡占市場であった。花王は「ジョイ」にトップシェアを奪われてからは、芳香効果がある「ファミリーピュア」で巻き返しを図った。ライオンは、「チャーミーV」で少量で多くの食器を洗うことができるようにして対抗した。

「ＳＷＯＴ分析」で自社の相対評価を得る
～ステップ２～

「ＳＷＯＴ分析」は、Strength（強み＝自社の強み）、Weakness（弱み＝自社の弱み）、Opportunity（機会＝市場・外部環境にあるチャンス）、Threat（脅威＝市場・外部環境にある自社にとっての脅威）を分析するフレームワークである。ここで重要なのは、競合と比較することによって自社の強み・弱みを把握すること。その強み・弱みも実は絶対的なものではなく、相対的なものでしかないからである。

経営理論を習得した人でも、「ＳＷＯＴ分析」が苦手というビジネスパーソンは少なくない。強み・弱みは主に過去から現在までの姿を表わすのに対して、機会・脅威は不確実性の高い未来を予測することが多く、やや雲をつかむような分析に見えてしまうためであろう。しかも強み・弱み、機会・脅威は表裏一体で、実践の結果がどうなるかは文字通り「やってみないとわからない」。

4-1 ＳＷＯＴ分析

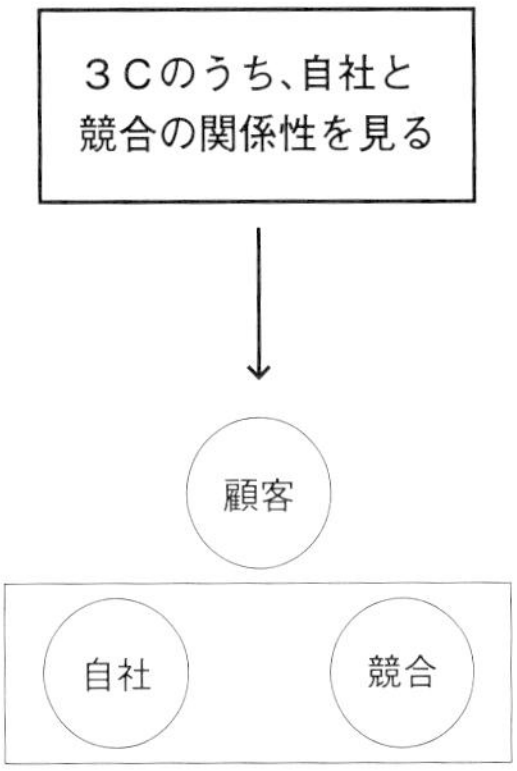

	好影響	悪影響
内部環境	Strength （強み）	Weakness （弱み）
外部環境	Opportunity （機会）	Threat （脅威）

しかし、物事の本質は1つの角度からではなく相反する視点から見ることで、より見えやすくなる。余談だが、私の前職・ビジネス・ブレークスルー社のトップである大前研一社長は、私たちが行なう分析について、「PROS&CONS（メリットとデメリット）はどうなんだ（表裏双方の面から、理屈で分析し尽したのか）」といつも聞いてきた。経営者は、理論に基づく定量的な分析という判断材料を参考に、自社や自身の過去の実践経験で得た知見（定性的な分析）を加味して最終決断を下す。

P&Gが「除菌もできるジョイ」に商機（勝機）あり、として開発、販売する経営判断の裏には、「手肌にやさしい（油汚れにも強い）ジョイ」での実践経験から得られたデータを有効活用できると判断したものと考えられる。

強み

P&Gはブランドの重要性を熟知する会社であり、他社に先駆けていち早くブランドマネジャー制を取り入れた先進性がある。消費者調査を徹底的に行ない、マーケティングや商品開発につなげる力が極めて強い。先進的なビジネス・パートナーシップを志向しており、広告会社などの外部組織との連携を緊密にしてビジネスにつなげている。

弱み

外資系企業であるため、アメリカ本社の力が強く、日本企業の花王とライオンに意思決定の早さなどで遅れをとる可能性がある。アメリカ経済が変調をきたし、経済危機などが起きれば、日本企業よりも被害が甚大なものとなる可能性がある。マーケティング能力の過信があれば、どこかでおごりが生じて、消費者ニーズを読み違えるリスクなどもある。

機会

日本市場の成長があまり見込めないなかで、グローバル企業のP＆Gは相対的に新興国の市場開拓などで有利な立場にあり、その総合力で花王とライオンを凌駕できる可能性が高い。急激な円高で、日本での生産より製品輸入に切り替えるほうが採算がよくなる可能性があり、これはグローバル企業のP＆Gが有利である。

脅威

花王とライオンがより精度の高いマーケティングを行なってくれれば、P＆Gは外資のため、日本市場で劣勢に立たされる可能性がある。日本のマーケットが本当にシュリンクする（縮む）ようなことがあれば、最悪なシナリオとして外資に小売りを制限するような動きが出る可能性がある。日本でさらにデフレが進めば、１００円ショップの洗剤などが今よりも脅威となる可能性もあろう。

「SWOT分析」は競合との関係性、「STP分析」は顧客との関係性を見るものだが、これらのフレームワークを使って本格的に分析するには、競合や顧客の情報収集が欠かせない。顧客の情報収集では消費者調査も行なう必要があり、その場合はインタビューの入射角を誤れば、反射角も異なるものになるため、企画、開発をミスリードするリスクもはらんでいる。この種の消費者調査は専門性をともなうため、外部のコンサルティングファームなどに委託するケースが多いが、費用と時間もかさむ。

「STP分析」で顧客を熟知する
~ステップ3~

「STP分析」は、自社製品・サービスのターゲットとなる顧客層を特定し、市場における立ち位置を定める際に用いるフレームワークである。誰に売るかが明確でない製品・サービスは、誰にも売れるわけがなく、市場特性や市場での立ち位置も、ビジネスの成功に大きく影響する。P&Gが参入した台所用洗剤市場は、一定の規模はあるとはいえ、縮小傾向にある成熟市場であった。しかも寡占状態のため、決して魅力的な成長市場ではなかった。しかし、利用者の多い非耐久製品の最寄品という特徴から、血で血を洗う価格競争というよりは、参入企業も少なくないため、1社が独占するという事態も想定しにくい。

「手肌にやさしいジョイ」とその次の「除菌もできるジョイ」の開発経緯をマーケティングで検証してみてわかったことは、P&Gの経営戦略はターゲットをいかに増やすかをベースにした「パイの最大化」であるということだ。

実は、台所用洗剤のユーザーには、「油汚れが落ちにくい」という実用的な不満と、「手荒れ」という美容面の不満があり、手肌にやさしい、油汚れがよく落ちる洗剤を求める潜在的なニーズがつねに存在していた。手荒れは女性にとって切実な大きな不満だが、それを根本的に解決する製品は、価格が高いと購入層は限られてしまう。日本の大多数の消費者は店頭の価格を見て選ぶ部分が大きいからだ。

しかし、P&Gの「パイの最大化」という戦略は、美容を最優先する少数ユーザーではなく、消耗品として使う家庭の主婦、共働き家庭の女性を中心とした大多数のユーザーが「よい」と感じ、リピーターになってくれるヒット商品の開発・販売を目指す道を選ぶこととなる。この判断には、ビジョン、経営戦略、マーケティングに至る一貫した整合性が見てとれる。

消費者の要求水準が高い日本市場に進出した目的も、新興国市場の開拓を含めたグローバルでのパイの最大化という経営戦略の一環だろう。であれば、なおさら少数ユーザーを狙う選択肢はなかったはずだ。そしてユーザーのニーズがあるにもかかわらず、現行品の価格は他社製品とほぼ同等だが、手肌にやさしく油汚れに強い洗剤が市場に提供されてい

4-2 STP分析

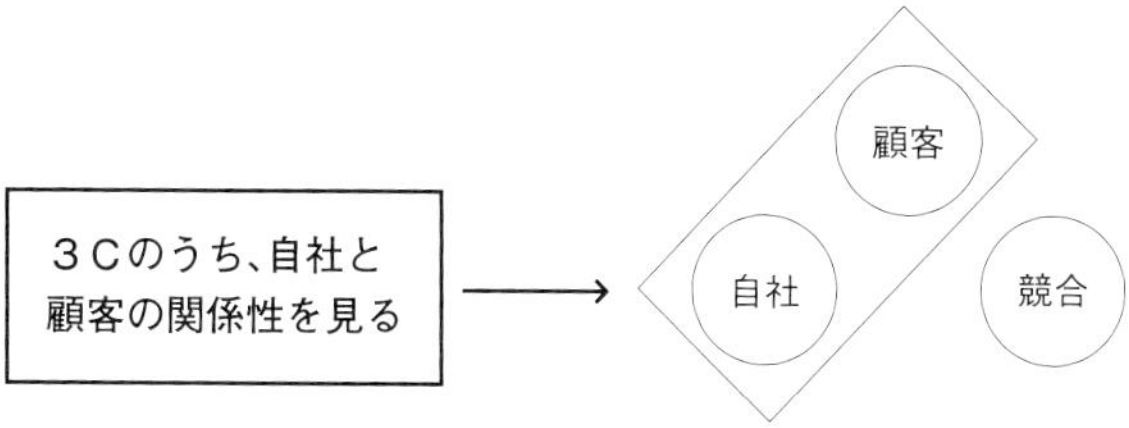

Segmentation(市場細分化)

・地理的変数:日本全国の台所用洗剤使用者、購入者
・人口動態変数:年齢(成人)、性別(主に女性)、家族構成、所得(世帯年収は平均以上)、職業(ホワイトカラーが主体)
・心理的変数:社会階層(中流階級以上)、ライフスタイル(手荒れ、洗浄力、除菌などに関心のある層)、性格(家事の安全性、効率性、清潔性に敏感)
・行動変数:求めるベネフィット(日常的機会、経済性、品質、効率性)、ロイヤルティ(P&Gに対して高い)

Targeting(標的市場の選定)

・有効な市場規模:十分な規模がある(2009年で1867億円の市場)
・成長性:日本市場は頭打ち
・顧客の優先順位、波及効果:台所用洗剤に知見のあるオピニオンリーダー的な主婦(口コミリーダー)
・到達可能性:日本全国のユーザーにアプローチが可能(TVによる広告など)
・競合状況:花王やライオンがすでに大きな地位を占めており、市場の魅力度はあまり大きくない
・反応の測定可能性:広告効果や商品満足度測定が可能

Positioning(ユーザー知覚の度合)

・想定する顧客像が明確か:台所用洗剤の経済性、品質、効率性に敏感な中流階級以上の世帯の主婦
・顧客に正確に伝わること:「除菌もできるジョイ」などのベネフィットが正確に伝わっている
・顧客にとって共感できること:油汚れの洗浄力と手肌へのやさしさは従来のままで、除菌もできるという多機能性に共感
・企業全体のポジショニングとの整合:P&G全体の統一コンセプトと整合している

ない。需要と供給にギャップが生じ、そのギャップが「手が荒れず、油汚れに強いジョイ」の商機（勝機）を生んだ。P&Gは、組織的にマーケティング戦略が機能し、狙ったターゲットに的確な手段、タイミングで働きかけて自社の顧客を増やし、見事に結果を出した。「除菌もできるジョイ」の開発経緯も同様だ。競合が詰め替え用製品の市場投入に注力するなか、P&Gは衛生観念の強い日本市場では潜在的なニーズがあると考え、「除菌」に着目した製品開発を優先させた。日本の賢明な消費者は、「スポンジのように風通しが悪く、つねに湿っているものに菌が繁殖しやすいことを経験的に知っている」と消費者調査によって把握していたからだ。

1997年に発売された「除菌もできるジョイ」は、病原性大腸菌O－157による食中毒事件などの影響もあり、発売2年目にはシェアトップを奪った自社の「ジョイ」に売上高で並び、3年目の99年にはジョイの倍近い124億円を売り上げるトップシェア製品に成長した。P&Gは「除菌もできるジョイ」がトップシェアを獲得してから、詰め替え用への移行を進めていった。

「4P分析」で製品の特性を極める
〜ステップ4〜

ここまで見てきたマーケティングの経営理論のステップ1〜3は製品・サービス開発や見直しの外堀を埋めるプロセスだった。次の**「4P分析」で具体的な製品設計の段階に入る。**ここでもMECEの考え方が重要であり、実践でもモノを決めてから価格、チャネル、販促を決めていくことで、モレなく、ダブりのない製品特性が自然と固まっていく。

プロダクト（製品）

・製品の構成要素——コア（台所の食器類を洗うという機能）、形態（洗浄力、効率性、除菌などの製品特性）、付随機能（詰め替え用が本体より容量が多いボトルタイプ）
・製品の類型・物理特性——（すぐに消費される非耐久性。再購入を促すことが課題であり、店頭シェアの獲得やマス広告が重要）、使用目的（個人消費のための消費財。不特

定多数のエンドユーザーが対象）、購買プロセス　最寄品（なるべく多くの小売店で陳列してもらうことが売上増の決め手となる）

プライス（価格）

・価格の意味――金銭的尺度（台所用洗剤1本200～300円の世界での勝負となる）
・需要供給曲線――差別化が難しい洗剤は、古典的な需要供給曲線で価格帯がある程度決まることが多い
・価格弾力性――洗剤などの生活必需品は、通常の価格弾力性が小さい（価格を変更してもほとんど需要は変化しないが、日本市場は価格弾力性が大きい面もあり、特殊）
・価格と収益性――価格が企業収益性に与える影響は非常に大きいので、戦略的に慎重に決める必要がある（P&Gなど、基本的にオープン価格を適用している）

プレイス（流通チャネル）

日本は大手小売業者が力をつけており、このチャネルをどのように活用するかが大きな課題であった。そのような中で、P&Gは大手小売業者との提携はアメリカで経験済であ

り、アメリカでの経験を日本でも活かそうとした。P&Gは1996年に、従来のリベート、報奨金制度を全廃し、オープンで透明な取引の実現を実行した。小売店とはマーケティング支援による関係強化に力が注がれ、売り場作り、販促活動、製品補充、品ぞろえ、新製品導入の5項目について改善を促す。コミュニケーションを緊密にすることによって、小売店との関係強化を図っていった。

プロモーション（販売促進）

・広告戦略——P&Gの信念は、「広告は重要で、優れた広告はブランドとマーケティング環境を完全に理解して生まれる」というもの
・キャンペーン——販促として「チャレンジジョイ」キャンペーンを展開。高田純次氏を起用したCMにインパクトがあった
・セールス・プロモーション——流通チャネル向けには、ボリュームインセンティブ（ケース数に応じて値引き）を設定。消費者向けには、右のようなキャンペーンを展開
・販売戦略——潜在顧客の啓蒙、新規需要創造、ルーティンサービス、テクニカルサポートなどを戦略性をもって展開する

「ニーズ・ウォンツ分析」で必要性を欲求に変える
～ステップ5～

企業は消費者が求めている製品・サービスを提供しなければ売上が上がらず、存続も成長もままならない。**「ニーズ・ウォンツ分析」のフレームワークでは、顧客視点で開発・改良した製品をいかにして消費者に買ってもらうか、という働きかけをモレなく、ダブリなく検証できる。**また、顧客のニーズ（必要性）およびウォンツ（欲求）の要素を把握することで効率的かつ効果的な製品開発が可能になるという2つの使い方がある。

まず、前者の実践的な使い方を説明したい。私は**消費者が、ある製品・サービスの存在を知り、お金を払って購入に至るまでに7つの心理段階がある**と考えている。

よく使われるＡＩＤＭＡ（アイドマ）では、Attention（注意）、Interest（関心）、Desire（欲求）、Memory（記憶）、Action（行動）の5段階しかないが、やや足りないというのが私の考えだ。

4-3 購入の7段階

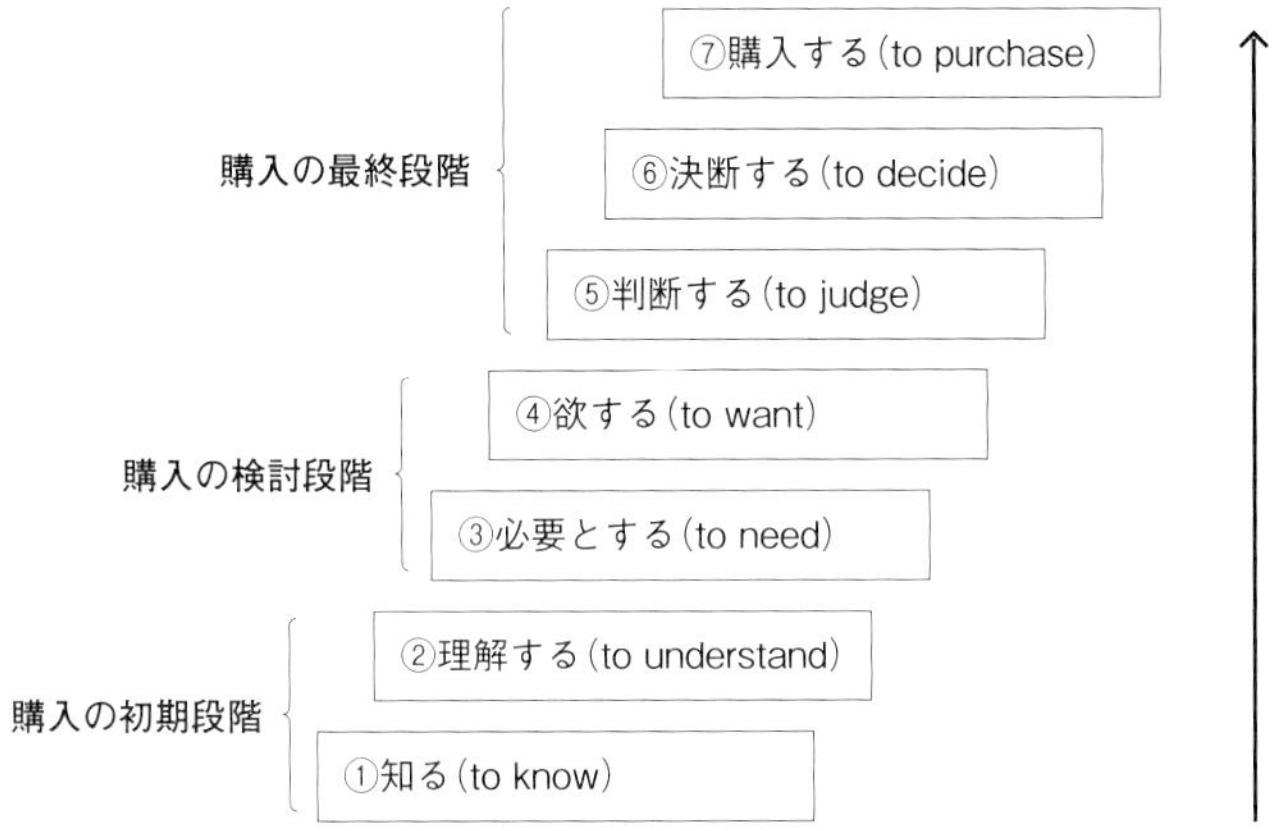

購入の7段階

①知る（to know）　知らないとどんな行動にもつながらない。

②理解する（to understand）　知って理解する。

③必要とする（to need）　理解して必要性を感じる。

④欲する（to want）　必要性を感じて、本当に欲しいか考える。

⑤判断する（to judge）　欲しければ、購入すべきか考えて判断する。

⑥決断する（to decide）　購入を決断する。

⑦購入する（to purchase）　お金を払って購入する。

4-4 ニーズ・ウォンツ分析

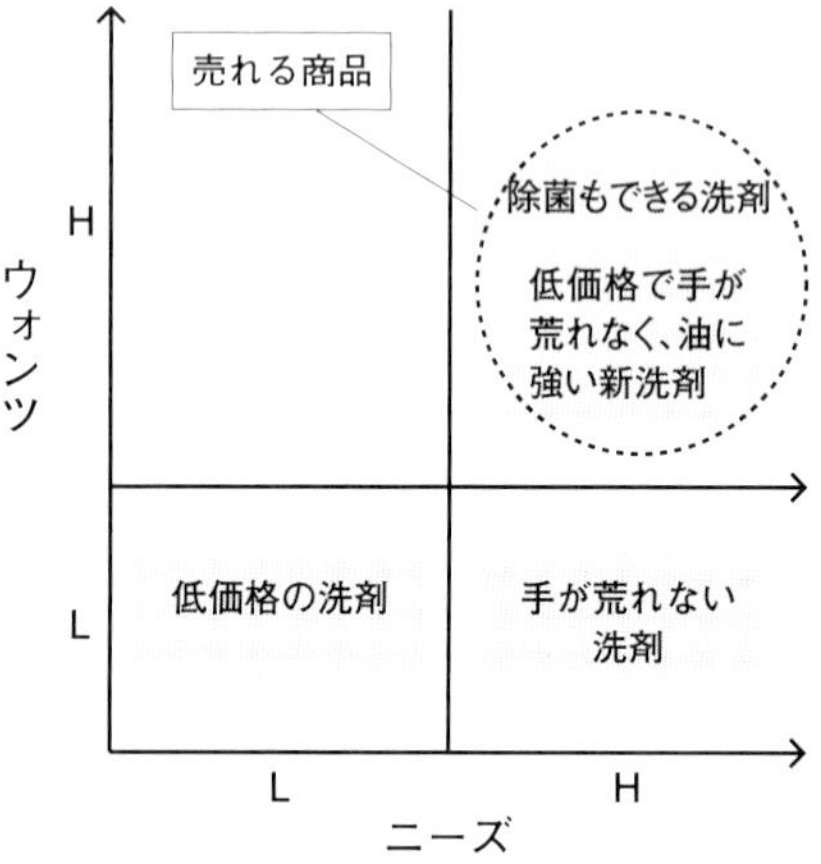

- 左図のように、洗剤の普及にともない消費者の間では「手が荒れない洗剤」、そして「油に強い洗剤」のニーズが高まっていた
- P&Gはそのニーズを誰よりも早くキャッチし、低価格で新タイプの洗剤を提供し、潜在需要をウォンツにまで高めて顕在化した
- さらには、「除菌もできる洗剤」も投入した

消費者を自社製品の購買へと導くためには、図表4－3にある7段階のそれぞれに対して、組織全体として手を打つ必要がある。1段階でも欠けていれば、それがネックになって売れない可能性が高くなる。

とくに乗り越えるのが困難な段階は、感性に訴える部分が大きい③と④の間。「必要とする（ニーズ）」と「欲する（ウォンツ）」の違いで、世の中には必要性を感じているヒトは少なくないが、ニーズとウォンツを同時に満たすモノはそれほどないからだ。たとえば、環境にやさしい生活、消費行動をしたいと思う人は多い一方で、既存品と比べて割高な環境に配慮した製品・サービスが飛ぶように売れているわけではないのが現実である。

「ジョイ」に関して言えば、「手が荒れないこと」「油が簡単に落とせること」という消費者のニーズがそもそもあった。しかし、P＆Gは2つのニーズを満たすだけでなく、容器をコンパクト化し、さらにタレントの高田純次氏を起用した「チャレンジジョイ」などのインパクトの強いプロモーションを行ない、消費者のニーズをウォンツにまで高めることに成功したと分析できる。

ニーズ・ウォンツ分析の使い方を、「ジョイ」と「除菌もできるジョイ」の製品開発で見てみよう。「低価格の洗剤」は常態化しており、ニーズもウォンツも低い。「手肌にやさしい洗剤」のニーズは高いが、ウォンツまで高まってはいなかったと推測できる。

そのような状況で、P＆Gは「ジョイ」という「低価格・手肌にやさしい」のみならず「油汚れに強い洗浄力」を備えた洗剤を市場投入し、一気にシェアを獲得していった。これは、ニーズレベルのものに、「油汚れに強い洗浄力」という要素を加え、さらには前述したようなキャンペーンも行なうことで、強いウォンツ（消費者が本当にほしいと思うこと）につなげたケースと言える。

「Less・Same・Moreマトリクス分析」でヒット商品を創造する～ステップ6～

企業は顧客視点に立ち、顧客が満足する商品を提供していたとしても、それだけで売上を伸ばし、シェアを獲得できるとは限らない。競合の商品と比較して、よりよい製品・サービスでなければシェア獲得は困難だ。**つねに競合との差別化、顧客満足の両方を考慮しながら構想するためのフレームワークが、「Less・Same・Moreマトリクス分析」である。**

P&Gが洗剤市場にて勝負を続けるのであれば、今後の方向性として3つの選択肢が考えられる。1つは、現在のマージンを残したまま、効率化や規模の経済を用いて低価格化を実現する。2つ目は、今までのように顧客のヒアリングを続けることで新しい軸を発見し、商品化する。そして3つ目は、以上の2つを組み合わせることである。

これらの3つが難しいと判断した場合、洗剤市場ではなく、ほかの市場を開拓するという選択肢が生まれてくる。あるいは、食器洗い機を日本で普及させることで洗剤の新しい

4-5 Less・Same・Moreマトリクス分析

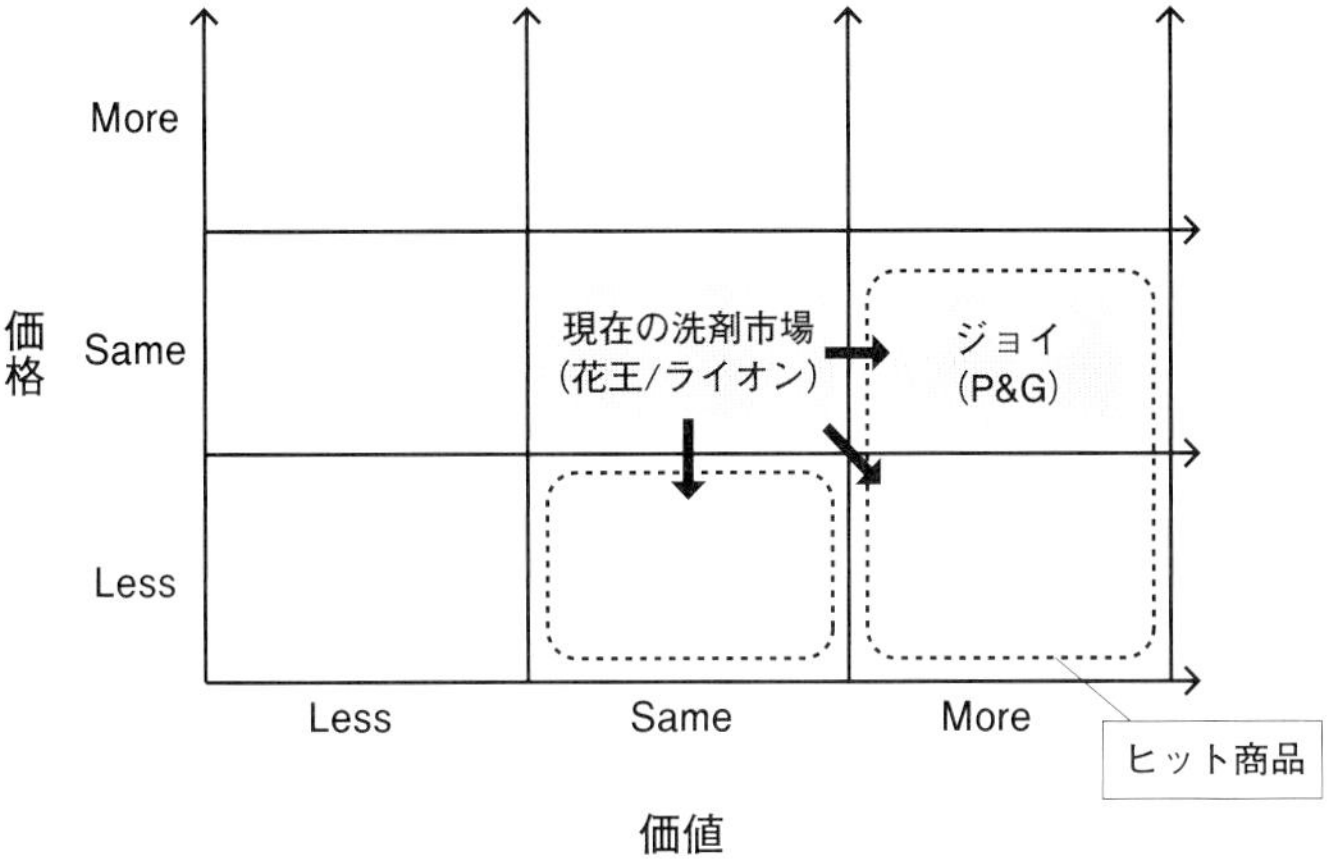

市場を創り出すというシナリオなども想定される。

図4－5の「Less・Same・Moreマトリクス」を使うことで競合と顧客を見据えたポジショニングが可能になる。

もともと花王とライオンの製品価格・価値はともにほぼ同じレベル（Same）だった。そうした状況の下、P＆Gは価格は同じレベル（Same）ながら、価値がより高いレベル（More）の製品を戦略的に開発し、意図的にヒット商品を創造したことがわかる。同社が、顧客が求める商品をきちんと理解していただけではなく、競合他社との位置づけを考慮しつつ、「ジョイ」を開発しヒット商品に仕上げた証だ。

P&Gによる顧客のニーズのすくい上げとマーケティングの本質

マーケティングの基本的な考え方を通じて、P&Gがいかに「理論と実践」を回して売る仕組みを作ってきたかを見てきた。ひと言で言えば、最終的には、**「顕在化しているものだけでなく、潜在的な顧客のニーズを吸い上げ、望む商品を提供する」**ことに尽きる。

しかし、マーケティングはある意味、多大なリスクをはらんでいる。というのも、商品開発段階でマーケットを見誤ると、企業の存続を危うくする場合があるからだ。先述のマッキントッシュやネクストキューブで大失敗を犯した、アップルのスティーブ・ジョブズ氏もその一例である。その一方で実際のマーケティングでは、顧客の潜在的なニーズを商品化するだけでなく、顧客自身が意識すらしていない製品をもマーケットに投入しなければ競争に勝てないケースもある。マーケティングの考え方に基づいて顧客をどれだけ観察し、ヒアリングに注力しても、おそらくiPod、iPhoneのような革新的な商品は開発できないだろう。

私は**マーケティングによる分析が適する業界や商品が存在する**と考えている。P＆Gのような消費財メーカーは、比較的マーケティングがしやすい業界ではないだろうか。なぜなら、消費財は目に見え、いつも消費する商品であるため、開発する側にとってもイメージしやすいからだ。さらに、そうした商品特性に加えて、P＆Gのブランドマネジャー制度は、「結果重視の人事評価制度」のもとに、各マネジャーが開発、製造、広告、販売などの機能部門を調整して、自ら立案したマーケティング計画を実行し、成果を競っている。この制度は今でもP＆Gの強みの1つとなっている。

いずれにせよ、新商品の投入は、企業にとって「不確実性」を大いにはらんでいる。マーケットに商品を投入するまでは、予測を立てることはできても、誰にもその成否はわからない。あらためてマーケティングを使いこなすうえで定義するならば、**「開発してもどれだけ売れるかわからないというリスク（不確実性）を最小化するための仕組み」**とも言えよう。もし、あなたがジョブズ氏のように天才的なマーケッターでないなら、まずは、マーケティング理論に基づく商品開発を実践するのも最善手ではないだろうか。

第5章

アカウンティング

——限られた経営資源で成果を生むお金の回し方

［楽天］

アカウンティングは、過去・現在の〝企業の成績表〟

一定期間（原則的には事業年度）を区切って、企業の経済活動にともなうすべての結果をまとめたものが、次の３つの財務諸表である。

①ＢＳ（Balance Sheet、貸借対照表）
②ＰＬ（Profit and Loss Statement、損益計算書）
③ＣＳ（Cash Flow Statement、キャッシュフロー計算書）

アカウンティングとファイナンスは、基本的には財務諸表にある同様のデータを使う。どちらも経営理論のピラミッド（図１－３参照）では、経営戦略、マーケティングの下の３層目（「カネ」）に置かれる。両者の違いは、アカウンティングが財務諸表のデータに何も手を加えずに示唆を得るのに対して、ファイナンスはキャッシュフローに着目し、データをファイナンスの数学的モデルにインプットして示唆を得る。

また、**ファイナンスが企業の「未来」を定量的に表わすのに対して、アカウンティングは、主に「過去、現在の企業実態」を定量的に表わす〝企業の成績表〟とも言える。**

企業はマーケティングを駆使して手にした売上から、コストを引いた利益をさらなる成長に向けて再投資していくことで、持続的な成長を図っていく。こうした一連の企業活動には、「キャッシュイン（入金）」と「キャッシュアウト（出金）」という結果がともなう。ごく単純化して言うと、自社製品・サービスが売れれば、その分のキャッシュインがあり、商品を開発・生産して売るためのコストがキャッシュアウトとなる。

通常の企業活動では、キャッシュアウトが先にあって、キャッシュインは後からついてくる。たとえば、優れた経営戦略に基づいて競合優位のマーケティングで売上を上げていても、代金回収が遅れ、その間の資金繰りが間に合わなければ黒字倒産となってしまう。

企業の経済活動は、基本的に「資金を調達する」「営業する（利益をあげる）」「投資する」というサイクルで回り続ける。これらを映す鏡となるアカウンティングでは、経済活動を3つの観点（財務諸表）から分析する。会計基準という共通のルールで作成され

5-1 アカウンティングとは

■アカウンティングとファイナンスの違い

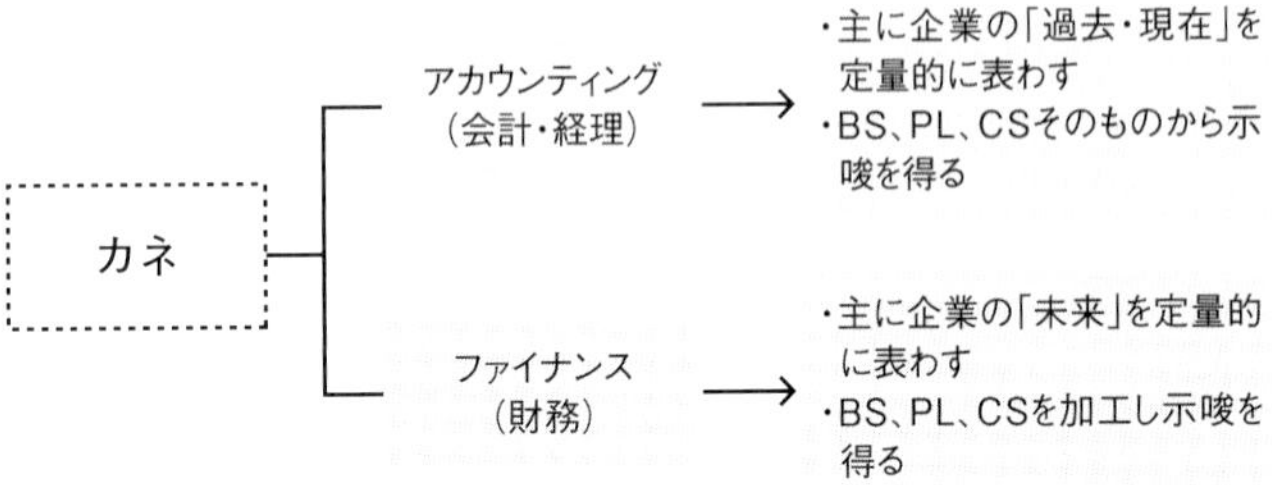
カネ
アカウンティング
（会計・経理）
・主に企業の「過去・現在」を定量的に表わす
・BS、PL、CSそのものから示唆を得る
ファイナンス
（財務）
・主に企業の「未来」を定量的に表わす
・BS、PL、CSを加工し示唆を得る

■アカウンティングの分析方法

①資金を調達する ⟶ BSを見て、企業の資金調達活動などを分析する

②営業する（利益をあげる） ⟶ PLを見て、企業の営業活動などを分析する

③投資する ⟶ CSを見て、企業の投資活動などを分析する

●次に、数年スパンで分析し、さらに業界平均や他企業と比較することで、多角的に企業の強み・弱み、成長・衰退の軌跡を分析することができる

た財務諸表の数値を正確な知識・理解に基づいて分析すれば、企業の実態や成長の軌跡、メカニズムの大枠が把握できる。

実際には、次のような手順で行なう。

①・BSを見て、企業の資金調達活動などを分析する
・PLを見て、企業の営業活動などを分析する
・CSを見て、企業の投資活動などを分析する
②次に、①を数年スパンで分析する
③さらに①～②を業界平均や他企業と比較することで、多角的に企業の強み・弱み、成長・衰退の軌跡を分析することができる

企業の成長とは、BSを大きくしていくこと

確かに財務諸表は企業分析に役立つ経営指標なのだが、会計学から入るとかえってとっつきにくい。「固定長期適合率」など難解な言葉が多いので、専門用語を覚えるのに辟易し、日常業務で使わないビジネスマンはたいていこの段階で挫折してしまいがちだ。アカウンティングは、むしろ先に学んだマーケティングから入るほうがわかりやすい。

まずは、マーケティングの「3C分析」でBS、PL、CSのつながりを考えてみたい。ビジネスを始めるには「自社」「顧客」「競合」を特定する必要がある。仮に「業務用野菜の配送事業」を行なう株式会社を設立したとする。負債・純資産の合計を3000万円でスタートし、内訳は自己資金1000万円に、銀行からの借入金が2000万円。1000万円はBS貸方の自己資本（純資産）となり、2000万円は負債に入る。希少品種を栽培する野菜農家から仕入れた野菜をレストランに販売し、年間売上は1000万

円、仕入れ代や集荷・配送コストが800万円だったとすると、200万円の利益が残る。

これがPLの内訳となり、利益の200万円が「利益剰余金」としてBSの純資産に積み上がるため、1年後のBS（資産）は3200万円に拡大している。基本的に**「利益を上げて、BSを大きくしていくことで企業は成長する」**ことになる。

もちろん、利益は株主に配当することもできるが、設立直後の利益は配当に回すより、さらなる事業成長のための自由に使える資金として内部留保を増やすのが常識的な経営判断である。

BSはある時点で定点観測したものなので、**「ストック（資産）」**と呼ぶ。PLは1年間の事業の成績を表わすため**「フロー（収支）」**と呼ぶ。CSも当然、「フロー」である。

たとえば、ダムに貯まっている水量がストックであり、これに対してダムに流入したり流出する水量がフローにあたる。流入（IN）と流出（OUT）があるものをフロー（収支）と呼ぶ。

①BS、②PL、③CSの詳細と、それらの関連性については次の通りである。

①BS

5-2 財務諸表とは①

３Ｃ分析

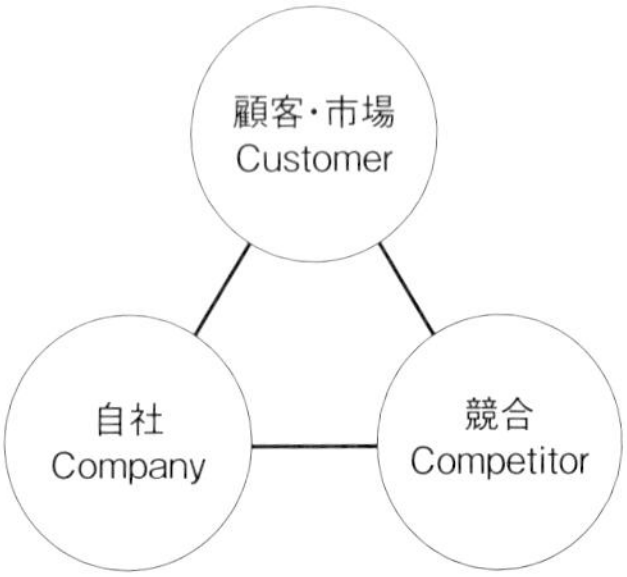

【財務諸表のわかりやすい理解の仕方】

1. 先にマスターしたマーケティングから入る。明日から、あなたが新たに事業をスタートさせるイメージを持つ

2. たとえば、「業務用野菜の配送事業」を行なうこととして、「3C分析」を行なう

3. その中で、自社のことを考える
   ①負債・純資産合計3000万円、うち自己資金1000万円、銀行借入2000万円とする
   ②初年度の売上は1000万円、コストが800万円とすると、利益が200万円

4. この場合、図5-3の財務諸表となる

ＢＳ（貸借対照表）とは、「資本の調達先」と「運用形態」を表わした表のこと。ＢＳでは「負債・純資産の部」と「資産の部」が必ず釣り合うように作られ、これがバランスシートたるゆえんだ。図５－４の右側が「資本の調達先（資本）」を表わし、左側が「資本の運用形態（資産）」を表わす。そして資金の調達先には**「負債（他人に返す義務のある資本）」**と**「純資産（返す義務のない資本）」**がある。

②ＰＬ（損益計算書）

ＰＬとは、ある期間に企業がどれだけの利益、損失を出しているかをまとめた計算書だ。ＰＬから会社の利益構造（売

5-3 財務諸表とは②

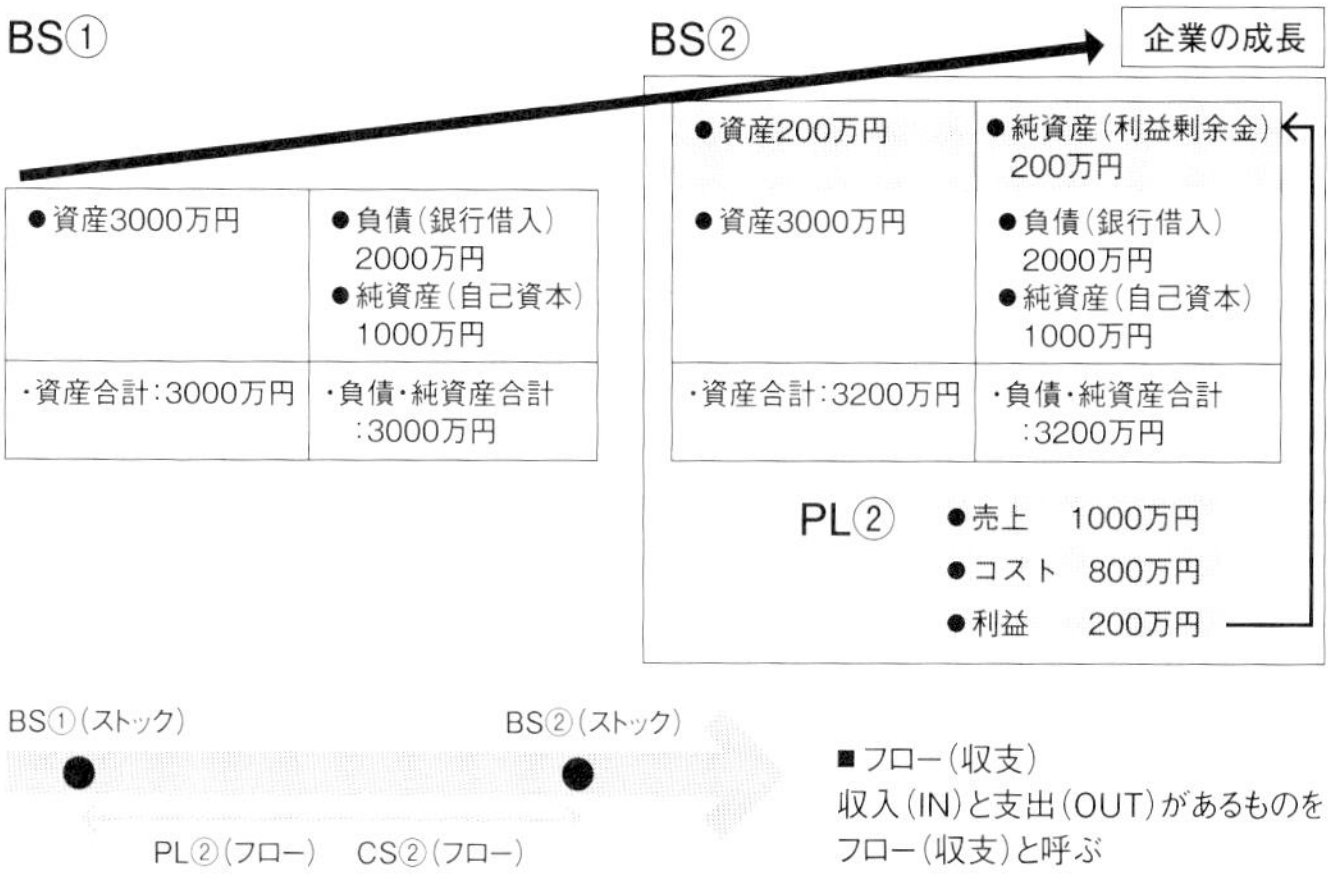

上に対し、どれだけのコストがかかっているか）を知ることができる。PLでは、図5－5のように段階ごとに5つの利益を表示している。

③CS（キャッシュフロー計算書）

CSとは企業の一定の期間における、実際の現金、預金の流れ、すなわちキャッシュフローを表わすもの（図5－6）。日本の企業では、2000年3月以降に決算ではCSの開示が義務づけられるようになった。CSは基本的に、BSとPLをベースにして作られる。

PLに書かれている収益と費用はあくま

5-4 貸借対照表（BS）

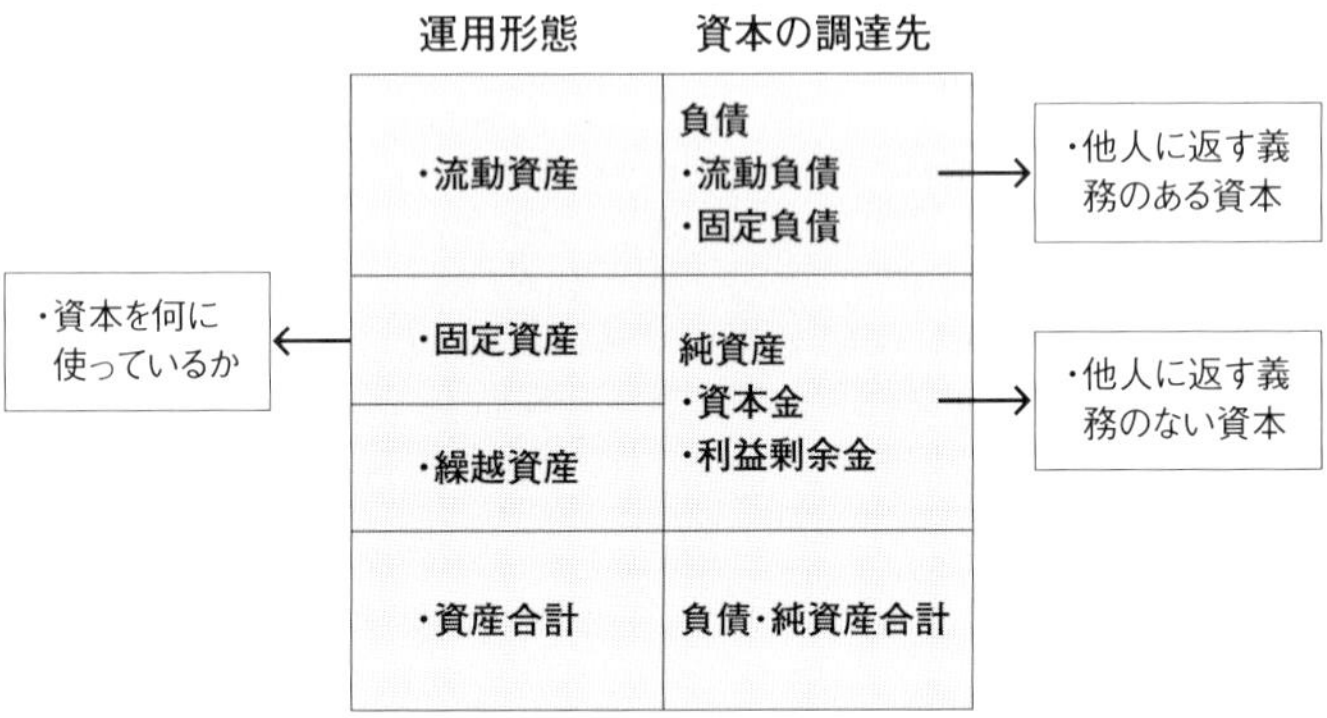

運用形態	資本の調達先
・流動資産	負債 ・流動負債 ・固定負債
・固定資産	純資産 ・資本金 ・利益剰余金
・繰越資産	
・資産合計	負債・純資産合計

- 他人に返す義務のある資本

- 他人に返す義務のない資本

で発生した時点で計上される。しかし、実際には収益が上がっても現金を回収するのは何カ月か後になることもある。

このように利益は会計上のルールに基づいて計算される。そのため、ルール上の計算と現実のキャッシュの動きが乖離《かいり》している状態にあると言えるので、事実としての現金（キャッシュ）の出し入れを計算したものがＣＳとなる。

ＰＬとＣＳの違い

・ＰＬ　収益－費用＝利益（会計のルールにより計算）

・ＣＳ　収入－支出＝キャッシュフロー

5-5 損益計算書（PL）

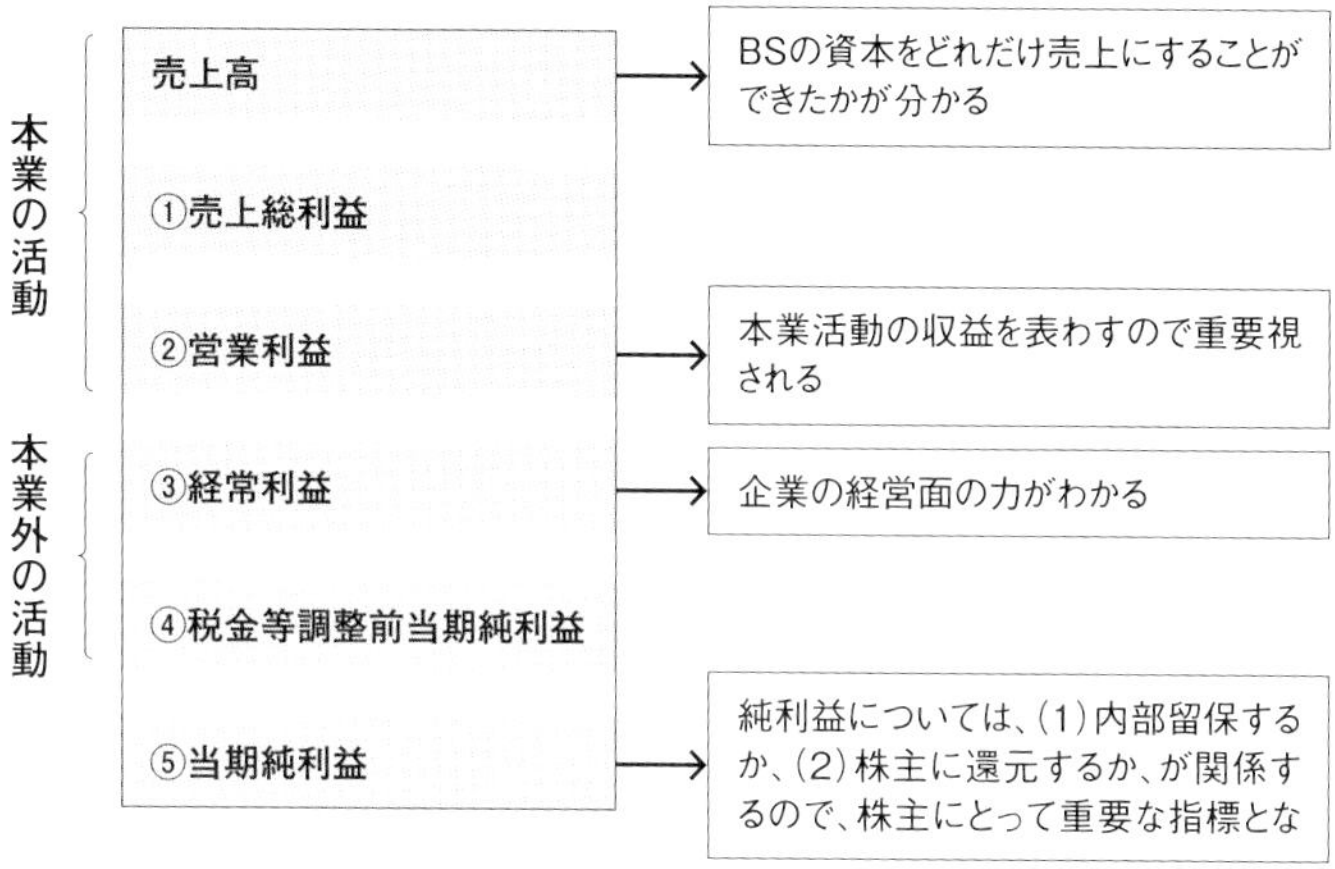
本業の活動
本業外の活動
売上高
①売上総利益
②営業利益
③経常利益
④税金等調整前当期純利益
⑤当期純利益
BSの資本をどれだけ売上にすることができたかが分かる
本業活動の収益を表わすので重要視される
企業の経営面の力がわかる
純利益については、(1)内部留保するか、(2)株主に還元するか、が関係するので、株主にとって重要な指標とな

（事実）

BS、PL、CSの関連性については、PLの「当期純利益」が、BSの「利益剰余金」となる。また、PLの「税引前当期純利益」が、CSでも同じく「税引前当期純利益」となる（間接法）。この関係性を知らずして財務諸表を勉強すると、いつまでもそれらがつながらず、苦労することになる。先述したように、企業の経済活動は、大きく「資金を調達する」「営業する（利益をあげる）」「投資する」の3点に集約される。それらの関係は図5－7の通りであり、これらの財務諸表が密接につながっていることがわかる。

5-6 キャッシュフロー計算書(CS)

営業活動 →	営業活動がプラス:キャッシュが入ってきている
投資活動 →	投資活動がマイナス:投資をしている
財務活動 →	財務活動がプラス:キャッシュを集めている

■PLとCSの違い
PL:収益−費用=利益(ルールにより計算)
CS:収入−支出=キャッシュフロー(事実)

もともと、何もないところから、企業活動を定量的に把握する趣旨でこれらの財務諸表が発達したことを考えれば、至極当然のことではある。しかし、実は金融関係者でもこのことを明確に把握していない人が少なからずいるという話を聞いたことがある。しかし、先のマーケティングから入ることも含めて、最初にこの点を明確にしておくことは極めて重要だ。

・「資金を調達する」については、BSの右側に入り(負債・純資本)、CSの財務活動に入る。
・「営業する(利益を上げる)」については、PLに入り(利益)、CSの営業活動に

5-7 BS、PL、CSのつながり①

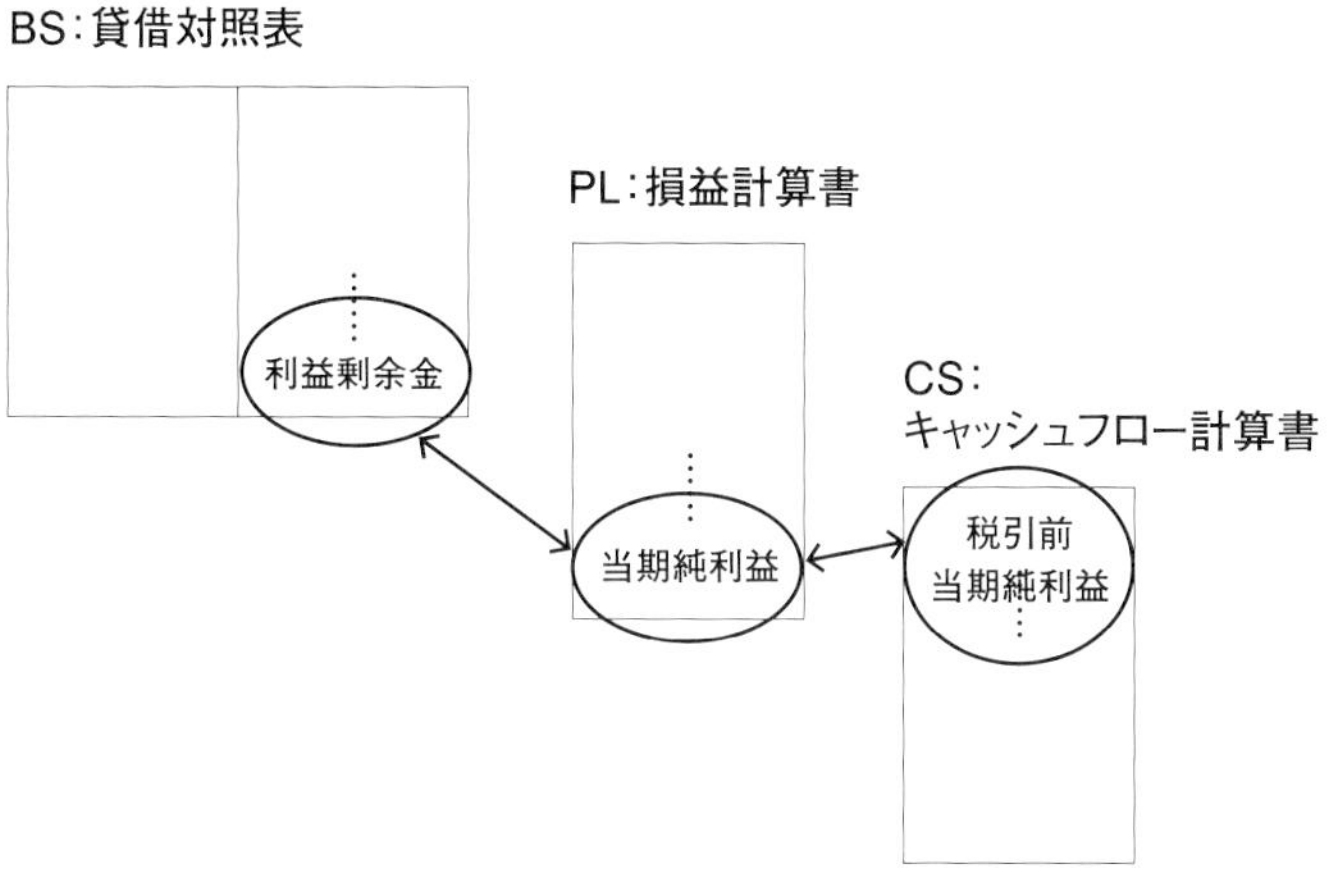

入る。

・「投資する」については、BSの左側に入り（資産）、CSの投資活動に入る。

5-8 BS、PL、CSのつながり②

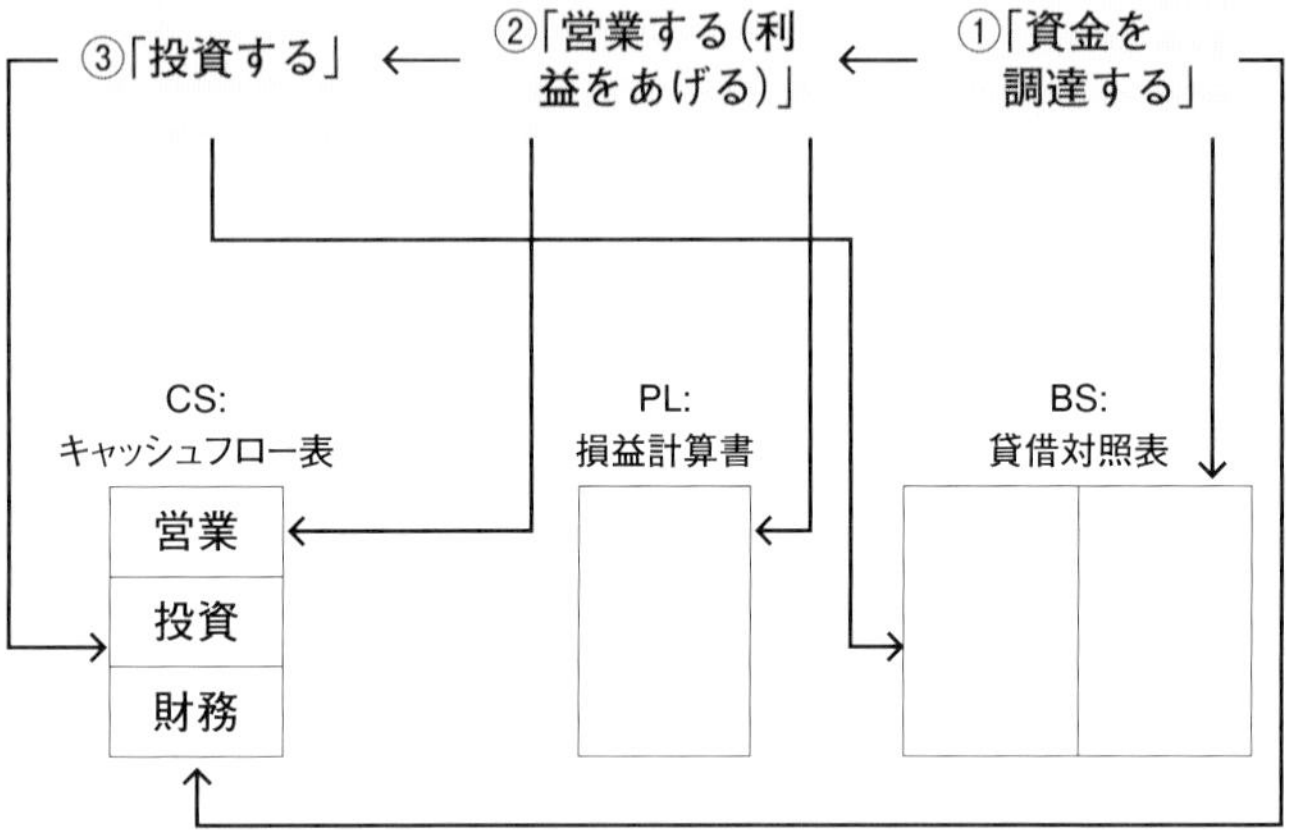

金融リテラシーを駆使して驚異の成長を遂げた「楽天」

やはり実際の企業例で見ないと、経営におけるアカウンティングの重要性は理解しにくいのではないだろうか。楽天は現・会長兼社長の三木谷浩史氏が１９９７年に創業したＩＴベンチャーである。三木谷氏は旧日本興業銀行出身、ハーバード大ＭＢＡ卒のエリートビジネスマンでありながら、営業マンとしての新規開拓などに優れた「理論と実践」を地でいく経営者である。楽天の財務諸表を分析すると、買収などの手段を駆使して「時間をお金で買う」能力が並外れて高く、金融業界出身者ならではの金融リテラシーを発揮していることがわかる。

ネット通販サイト「楽天市場」を運営し、ジャスダックに株式上場した２０００年の売上は約30億円。現在は７つの事業分野を手がけ、２０１０年12月期のグループ連結売上高約３５００億円、純利益約３５０億円の総合インターネット企業グループへと成長している。株式公開から10年で事業規模を100倍以上に拡大し、今なお成長を続ける同社は、世界27カ国での経営を目指すグローバル・カンパニーになろうとしている。多少の失敗などものともせずに突き進むチャレンジングな企業の成功要因に迫る事例研究は、アカウンティングを学ぶビジネスパーソンにとって示唆に富んでいる。

楽天は、最終的に複合メディア・カンパニーのようなものになっていくと筆者は推測している。そのためにプロ野球球団、Jリーグのサッカーチームなども買収し、TBSとも対等な提携関係を結ぼうとした。もちろん、楽天の知名度アップを狙ったものであり、そのほとんどが成功している事実を私たちは目の当たりにしている。

何より私が注目するのは、三木谷氏の次のような「ものごとの本質を喝破する能力」だ。このような大局観があるからこそ、総合インターネット企業グループのマネジメントが可能になるのではないだろうか。

・国家の本質と考えられているものの全ては情報なのだ
・経営するということは、基本的に「お金をごちゃごちゃ言う」こと
・気の遠くなるほど長い人類史と比べれば、貨幣が登場したのはごく最近だ。金銭的な喜

びが、人の根源に触れないのは当然なのだ

※すべて三木谷氏のツイッターより引用

右のように、「経営はお金」と言いつつ、「金銭的な喜びが人の根源に触れないこと」も公言している。楽天の成功の背景には三木谷氏はバンカー出身のため、「カネ」の仕組みを熟知していると同時に、「カネ」には限界があることもよく認識していることが挙げられる。

ここでは、まず楽天が2005年にこれまでの赤字から黒字に転換した場面にスポットを当てていきたい。そして、2005年以降から今日までの楽天を分析することで、アカウンティングという経営理論がいかに道具として企業の成長に寄与しているか見ていこう。では、次からその詳細について見ていくにあたり、その前に、まず楽天の財務諸表を確認してほしい（図5－9）。

楽天の財務諸表分析から見えるお金の回し方

図5－9の楽天の財務諸表を検証していくと、次のようなことがわかってくる。

①ＢＳ

楽天の連結ＢＳからわかるのは、負債・純資産合計（資産合計）が、２００５年の1兆６５７７億円から、２００６年は1兆２９６０億円へと大幅に減少していることだ。何か異変があったのではないかと思って調べてみると、クレジット（カード）関連会社が経営不振に陥っていた。楽天はそのリストラを断行していたのだ。つまり、バランスシートを圧縮し、財務の健全化を図っていたことがＢＳから読み取れる。

負債については、２００５年の1兆５７２３億円から２００６年には1兆９２８億円と30％も減らしている。これは、短期借入金を４９００億円から、２７８８億円に減らし

（43％減）、代わりに長期借入金を１８６４億円から、２４６１億円に増やした（32％増）ことなどの相殺の結果である。本来ＢＳを増やすべきところを減らしてまで、やらねばならないリストラの必然性があったということだろう。一般的には順調に成長していると思われている楽天だが、事業の浮沈も経験しながら成長していることがわかる。

いずれにせよ、２００４年までは５年間赤字が続いていた。２００５年には当期純利益が出て黒字化したが、体力増強も必要と見えて増資を積極的に行ない、資本金も２００６年には１６７０億円にまで増やしている。リストラを行ないつつ増資も敢行するという財務強化の戦略が見てとれる。

総資産が２００６年には１兆２９６０億円。１９９９年にわずか10億円弱であったことを考えれば、７年間ほどで１２００倍以上にも増大したことになる。いかに楽天の成長のスピードが速く、大きなものであったかを示している。

固定資産が、２００５年は３０３１億円（資産合計比18％）、２００６年は３３１１億円（同25％）と極端に少ないが、大がかりな設備を不要とするＩＴ企業（ポータルサイト、インターネットショッピングモールなど）の特徴をよく表わしている。

（単位：百万円）

	2005年12月	2006年12月
	6,357	6,258
	301,154	5,052
	490,029	278,837
	13,532	1,709
	9,856	908
	155,279	152,386
	231,758	138,211
	92,441	95,626
	3,496	6,123
	58,178	121,709
	1,362,080	806,819
	10,000	10,000
	186,476	246,162
	－	3,458
	10,230	22,302
	1,276	982
	207,982	282,904
	2,312	3,142
	1,572,374	1,092,866
	8,783	－
		－
	54,135	－
	63,479	－
	−58,265	－
	16,974	－
	238	－
	−11	－
	76,550	－
	1,657,708	
	－	167,027
	－	21,551
	－	10
	－	14,607
	－	203,196
	－	1,296,062

連結損益計算書

（単位：百万円）

	2005年12月	2006年12月
売上高	129,775	203,271
売上原価	14,222	27,301
売上総利益	115,553	175,970
販売費及び一般管理費	80,668	146,821
営業利益	34,885	29,148
営業外収益		
受取利息及び受取配当金	877	1,323
有価証券売却益	335	2,052
持分法による投資利益	1,041	854
その他	429	662
営業外収益計	2,682	4,891
営業外費用		
支払利息	367	1,616
支払手数料	908	1,215
新株発行費	62	602
その他	404	201
営業外費用計	1,741	3,634
経常利益	35,826	30,406
特別利益		
投資有価証券売却益	－	9,261
持分変動利益	2,720	1,494
子会社株式売却益	795	－
その他	32	820
特別利益計	3,547	11,575
特別損失		
クレジット事業整理損	－	20,765
貸倒引当金繰入額	－	6,465
利息返還損失引当金繰入額	－	3,005
特別退職金	－	4,331
ポイント引当金繰入額	1,022	－
開業費償却費	910	－
証券取引責任準備金繰入	1,098	829
その他	2,067	3,375
特別損失計	5,097	38,770
税金等調整前当期純利益	34,276	3,210
法人税、住民税及び事業税	16,103	10,610
法人税等調整額	−2,541	−6,154
少数株主利益又は損失	1,266	−3,948
当期純利益	19,449	2,702

※楽天のHPより抜粋した財務諸表を修正したデータ

5-9 楽天の連結貸借対照表・損益計算書

連結貸借対照表

資産の部	2005年12月	2006年12月	負債資本の部
流動資産			流動負債
現金及び預金	82,037	111,182	支払手形及び買掛金
受取手形及び売掛金	11,906	16,714	信用保証買掛金
割賦売掛金	143,823	63,356	短期借入金
信用保証割賦売掛金	301,154	5,052	未払法人税等
資産流動化受益債権	68,837	73,213	割賦利益繰越
証券業における預託金	239,438	235,865	証券業における預り金
証券業における信用取引資産	285,357	220,605	証券業における信用取引負債
証券業における短期差入保証金	28,648	9,773	証券業における受入保証金
営業貸付金	168,280	186,794	引当金
繰延税金資産	7,749	13,638	その他
その他	46,149	59,785	流動負債合計
貸倒引当金	−28,785	−31,083	
流動資産合計	1,354,598	964,898	固定負債
			社債
			長期借入金
			利息返還損失引当金
固定資産			繰延税金負債
			その他
有形固定資産			固定負債合計
土地	−	31,676	特別法上の準備金合計
その他	20,551	17,263	負債合計
有形固定資産合計	20,551	48,940	（少数株主持分）
			少数株主持分
			（資本の部）
無形固定資産			資本金
連結調整勘定	56,868	63,743	資本剰余金
その他	8,740	19,345	利益剰余金
無形固定資産合計	65,609	83,088	その他有価証券評価差額金
			為替換算調整勘定
			自己株式
投資その他の資産			資本合計
投資有価証券	170,232	169,776	負債・資本合計
繰延税金資産	4,625	14,077	（純資産の部）
その他	42,584	16,318	株主資本合計
貸倒引当金	−493	−1,036	評価・換算差額等合計
投資その他の資産合計	216,949	199,135	新株予約権
固定資産合計	303,110	331,164	少数株主持分
			純資産合計
資産合計	1,657,708	1,296,062	負債純資産合計

5-10 楽天の連結キャッシュフロー決算書

（単位：百万円）

	2001年12月	2002年12月	2003年12月	2004年12月	2005年12月	2006年12月
当期純利益	−4,158	−3,277	−52,643	−14,271	19,448	2,702
①営業キャッシュフロー	1,390	2,351	2,223	9,069	−38,058	−6,389
②投資キャッシュフロー	−6,181	−3,287	−59,924	−30,040	−149,565	−51,913
③財務キャッシュフロー	−661	−696	63,880	27,403	225,426	76,614
期末現預金	21,359	19,672	25,790	32,390	70,700	89,219

※楽天のHPより抜粋した財務諸表を修正したデータ

② ＰＬ

ＰＬを見ると、売上について、２００５年が１２９７億円、２００６年は２０３２億円と56％も増えている。経常利益も、２００５年は３５８億円、２００６年は３０４億円の黒字であり、当期純利益も２００５年が１９４億円、２００６年は27億円となり、２００５年に黒字に転換している。

全体として、楽天は売上を倍々ゲームのように毎年伸ばしており、結果として資産も急激に増えている。ところが当期純利益については、２０００年～２００４年までの５年間に一貫して赤字を続けていた。どれだけ成長していても赤字であれば、経営は苦しくなるのが通常だが、楽天はその間、赤字（キャッシュアウト）を上回る増資・借入（キャッシュイン）を行ない、キャッシュフローを切らさないように運営している。金額の規模が大きいだけに、常識ではリスキーと思えるほどだが、それをものともしないダイナミックな経営を行なっていることがわかる。

③CS（フロー）

CS（図5－10）を見る限り、楽天は総じて2001年～2004年までの4年間で、300億円前後の期末現預金残高がある。2005年～2006年の2年間で、700～900億円と増加し、手持ちのキャッシュは安定的に推移している。営業活動からのキャッシュフローは、10～20億円前後で推移していたが、2004年に一気に90億円に増え、2005年、2006年は一転してマイナスに転じている。当期純利益以外の要因でマイナスとなったことがわかるが、主なものは前述のクレジット事業のリストラ絡みで、営業債権を減らした結果だ。

投資活動からのキャッシュフローは、ほぼ毎年のように大きな投資をしていることを示している。とくに、2005年は1495億円、2006年には519億円と大規模な投資を行ない、勝負に出ていることが見てとれる。具体的には、国内信販、Linkshare Corporation、楽天オークション、楽天ＡＮＡトラベルオークションなどの買収や出資に多額の資金を投入した。

財務活動からのキャッシュフローについては、２００５年は２２５４億円、２００６年は７６６億円ものプラスになっているが、これらは短期借入金が増大したことなどによる（キャッシュイン）。

財務分析は「自社分析×競合他社×時系列」で行なう

財務分析は経営の実態を見抜いたり、さまざまな意思決定を行なう際に有効だ。単純に金額の大小ではなく、**「比率」という考え方を用いることで、規模の違う競合他社との比較や時系列での評価が可能になる**という点が、アカウンティング（次章で説明するファイナンスも）理論の特徴であり、醍醐味でもある。多面的な分析を行なうことで、経営に役立てることもできる。財務分析の種類には、主に次の４つがある（図５－11）。

①総合力分析——企業の総合的な収益力を判断する
②収益性分析——企業の収益構造上の特徴を把握する
③安定性分析——財務体質の安全性を判断する
④成長性分析——企業の将来の成長の可能性を判断する

5-11 財務分析の仕方

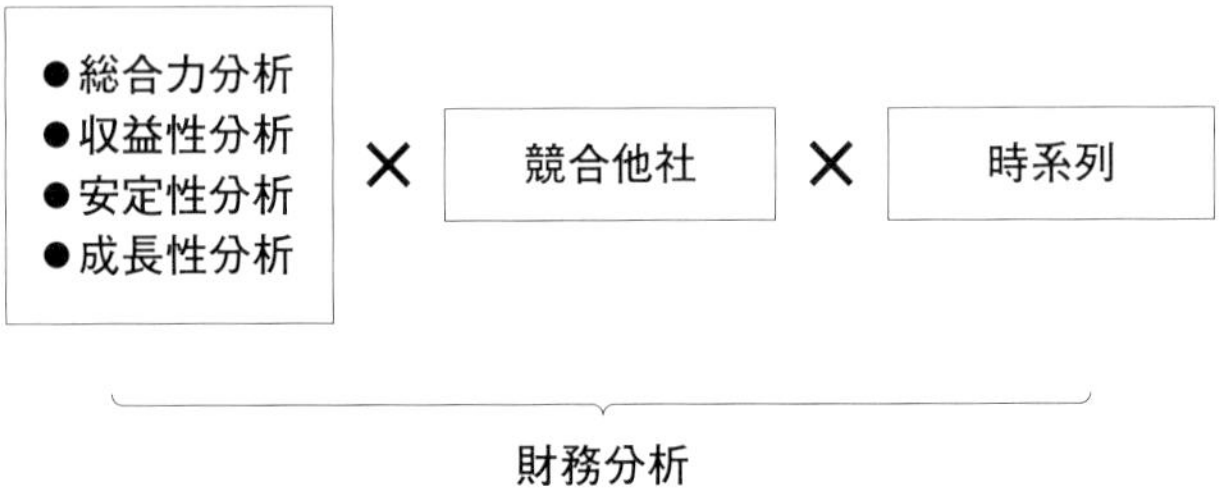

自社の財務分析を競合などと比較し、時系列の推移を加味して比較検証する。ここでは、**14の指標**を見る（図5－12）。

①総合力分析（図5－13）

楽天の総合力分析については、ROEとROAの2つの指標を分析する。2004年までは赤字のため、この分析があまり意味をなさなかったが、2005年より当期純利益が黒字化し、ROE、ROAの指標もプラスに転じた。日本企業は通常、「ROEが15％以上であれば、総合力が高い」と評価されるが、楽天は2005年25・4％、2006年1・3％となりバラつき

5-12 楽天の財務分析

		2005年	2006年	評価
①総合力	1. ROE	25.4%	1.3%	2005年より漸く黒字化。これに応じて自己資本利益率もプラスに
	2. ROA	1.2%	0.2%	上記同様、黒字なので総資産利益率もプラス
②収益性	3. 売上高総利益率	89.0%	86.6%	売上原価の割合が低いので、この指標が高い
	4. 売上高営業利益率	26.9%	14.3%	健全な数値だが、2006年がやや低いか
	5. 売上高経常利益率	27.6%	15.0%	同上
	6. 売上高純利益率	15.0%	1.3%	黒字なのでこの指標はプラス
③安定性	7. 自己資本比率	4.6%	14.6%	製造業などに比べてかなり低い
	8. 流動比率	99.5%	119.6%	安定性は普通。やや低いか
	9. 当座比率	85.3%	91.2%	同上
	10. 固定比率	396.0%	163.0%	120%超なので、安定性はよくない
	11. 固定長期適合率	106.5%	68.1%	メーカーで80%程度。この指標は安定性は普通か
	12. インタレスト・カバレッジ・レシオ	101.2倍	20.7倍	金利支払能力は高い
④成長性	13. 売上高成長率	184.8%	56.6%	2006年に若干鈍化したが、基本的には高い
	14. 総資産成長率	439.0%	−21.8%	2006年にBSの圧縮・健全化を図った結果、マイナスに

5-13 総合力分析

【主な要素】

■ROE(Return On Equity:自己資本利益率)

=当期純利益÷自己資本

=売上高当期純利益率(売上を利益にする力)

×総資産回転率(調達資金を売上にする力)

×財務レバレッジ(お金を集める力)

●株主の立場から見た、投下資本に対する利益率

■ROA(Return On Assets:総資産利益率)

=当期純利益÷総資産

●保有する資産からどれだけ有効活用しているか(株主資本以外の資本も含めて)

【ROE vs ROA】

●ROEの弱点:

・ROEは、
売上高当期純利益率
×総資産回転率
×財務レバレッジ
とも表わせる

・財務レバレッジとは、自己資本比率の逆数。このため自己資本額を下げることで簡単にROEを高めることができてしまう

・このことから、自己資本比率が高く、かつROEが低い企業はハゲタカファンドによる買収に狙われやすい

・ROAはその危険性がないため、ROAを重視するべきだと論じられることがある

は大きいが、本格的に成長する端緒についたところと言えよう。2004年までは業績は赤字だったが、その間も売上が著しく伸びていたため、資金が集まりやすく、潤沢なキャッシュが楽天の急激な成長を潤滑油としてサポートしていた。融資・出資ともに突出した金額である。2005年、2006年の黒字化によって、さらに勢いがついていった。

②収益性分析

楽天の収益性分析については、図5-14の4つの指標を分析する。2005年は、これらの指標がいずれも十分に高く、総じてよい収益性と言えるだろう。2006年については、先の通りクレジット事業のリストラを進めたため、バランスシートの圧縮・健全化を行なったことなどの影響から、売上高純利益率が1.3%と低い数字になるなど、収益性は伸び悩んだ。しかし、基本的には売上原価が低いことから、売上高総利益率は、今後も高い数値で推移するだろう。営業利益・経常利益なども基本的には高く推移するものと思われ、総じて収益性が高いビジネスモデルと分析できる。

③安定性分析

5-14 収益性分析

【主な要素】

■売上高総利益率

売上総利益÷売上高

*利益率の高い商品・製品を販売しているか

■売上高営業利益率

営業利益÷売上高

*営業活動による利益率

■売上高経常利益率

経常利益÷売上高

*財務活動も含めた企業活動における利益率

■売上高当期純利益率

当期純利益÷売上高

*売上を最終的な利益にする力が分かる

↓

この売上高当期純利益率が低い場合、内部留保・配当として資金を有効活用できない。よって、最も重要な指標となる。

5-15 安定性分析

【主な要素】

■自己資本比率
　自己資本÷（負債＋純資産）
■流動比率
　流動資産÷流動負債
■当座比率
　当座資産÷流動負債
■固定比率
　固定資産÷純資産
■固定長期適合率
　固定資産÷（純資産＋固定負債）
■インタレスト・カバレッジ・レシオ
　（営業利益＋金融収益）÷支払利息

（流動比率・当座比率 →）
●主にこの2つの指標で、企業の安定性が分析できる。
●なぜならば、他の指標がいくら安定していたとしても、この2つの比率（特に流動比率）が低い場合、黒字倒産してしまいかねないからだ。

安定性分析は、図5-15の6つの指標を評価する。楽天は、2005年、2006年いずれも20%以下と自己資本比率はかなり低い。先述の通り、2006年は融資（流動負債・固定負債）を圧縮したものの、基本的に目いっぱい借入を行ない、成長スピードを維持しているように見える。これらのことから総じて安定性は低い。流動比率も若干低めであり、当座比率は100%以上が望ましいなかで、下回っており、安定性はあまりよいとは言えない。

・自己資本比率（自己資本÷（負債＋純資産））自己資本の割合が高いほどよい（日本の製造業平均40%前後）

・流動比率（流動資産 ÷ 流動負債） 短期の負債を賄う短期の資産がどれほどあるかを見る（日本の製造業平均130～140％前後）
・当座比率（当座資産 ÷ 流動負債） 短期の負債を賄う現金などの当座の資産がどれほどあるかを見る（100％以上が望ましい）
・固定比率（固定資産 ÷ 純資産） 固定資産がどれだけ純資産で賄われるかを見る（100％以下が望ましい）
・固定長期適合率｛固定資産÷（純資産 ＋ 固定負債）｝ 固定資産がどれだけ純資産及び長期の負債で賄われるかを見る（日本の製造業は80％程度）
・インタレスト・カバレッジ・レシオ ｛（営業利益 ＋ 金融収益） ÷ 支払利息｝ 事業利益の金利支払能力を見る（日本の製造業平均で18倍程度）

④成長性分析

成長性分析では、主に売上高成長率を見るが、市場の成長率や物価上昇率を下回っている場合には、注意が必要だ。また、総資産残高が高いほど、会社の財政的な規模が大きいことを表わすが、総資産が会社の売上高や利益の増加に寄与していなければ成長性が高い

5-16 成長性分析

④成長性分析:

【主な要素】

■売上高成長率
・売上高増加額÷基準時点の売上高
・成長性を示すもっとも基本的な指標
・市場の成長率や物価上昇率を下回っている場合には、注意が必要

■総資産成長率
・総資産増加額÷基準点の総資産残高
・高いほど、会社の財政的な規模が大きくなっている
・ただし、それが会社の売上高や利益の増加に寄与していなければいけない

とは言えない。楽天の成長性を分析すると、売上高成長率が2005年は184%と高いが、2006年に若干鈍化したものの56%と基本的には高い。また、総資産成長率も総じて高いが、2006年は先の特殊要因（BSの圧縮・健全化）で、例外的にマイナス成長に陥ってしまった。

アカウンティングによる「財務分析」が示す楽天の経営課題

楽天の短期的な成長は、三木谷氏のその金融リテラシー抜きには語れない。つまり、楽天はＩＴという時流に乗って急成長を遂げ、売上が倍々ゲームで伸びていった。時流に乗るための決断が下せるというのは、単なる勢いではなく、定量と定性を複合的に判断しているからこそである。

それゆえ三木谷氏は、たとえ単年度のＰＬが赤字であろうとも、ある意味、「お構いなし」に成長を続ける経営を選択できたのだ。キャッシュフローを切らさないために増資・借入を巧みに使い分けて金融市場から金を集め、「時間を買う」ために優良企業を破格の買値で買収し、成長のエンジンを複数持つ仕組みを作った。

２００６年時点で成長性は総じて高いが、安定性にやや問題があった楽天の業績はその後、どうなったか。２０１０年12月期には、３４６１億円の売上を達成し、２００６年

（2032億円）の1・7倍となっている。最新の目標としては、「2020年をめどに、現在6カ国で展開している事業を27カ国にまで広げ、海外での取扱額を全体の70％程度に増やす」という。

財務諸表を巧みに利用して効率的な経営を実践する楽天の軌跡が、三木谷氏の生き様と重なって見える。しかし、この経営戦略はうまく回っているときはよいが、いったん成長が止まり始めたりすれば、急に資金が回らなくなるリスクもはらむ。幸い、楽天は現在までそうした事態に陥っていないが、資金繰りが悪化するリスクが消えているわけではない。

あらためて楽天という企業や三木谷氏の特徴にも触れておこう。楽天は「世界一のインターネット・サービス企業」を標榜している。要は、楽天市場をはじめとするEC（E-Commerce、電子商取引）、トラベル、ポータル、金融など、さまざまなサービスをグループに加え、多種多様なサービスをネット上からワンストップでユーザーに提供する体制をとっている。

三木谷氏は、『成功のコンセプト』（幻冬舎）の中で、楽天が成功した秘訣を次の5つのコンセプトで解説している。

①「常に改善、常に前進」—目標を掲げ、よく準備をし、日々改善を積み重ねること

②「Professionalism の徹底」—仕事を人生最大の遊びにできれば、誰でも有能になれる

③「仮説 → 実行 → 検証 → 仕組化」—このサイクルを回せば、あらゆる分野で応用できる問題解決法となる

④「顧客満足の最大化」—インターネットの持つ潜在力をお客様に開放し、中小企業を元気にする

⑤「スピード!! スピード!! スピード!!」—スピードを上げると仕事の質も喜びも変わってくる

三木谷氏はインターネットの成長性を見抜き、楽天を起こし、主として中小企業のためのマーケットを創出し、日々少しずつでも改善を重ねてきた結果、今の楽天が出来上がった。「産業の血液」たるお金（キャッシュ）を上手に使い回しながら、見事に世界規模の企業へと成長させていることがわかる。これがまさに**「数字と経営の融合」**と言えよう。

第6章

ファイナンス

――チャンスを活かす将来への投資の決め方

[アサヒビール]

ファイナンスの役割は、投資の意思決定の定量的な判断

将来のお金の流れを「見える化」する経営理論がファイナンスである。数字主体のファイナンス（企業財務）やアカウンティング（企業会計）は、専門外の人にとって難解でとっつきにくい。やたらと会計・金融の専門用語が飛び交い、数式を使って説明されることが多いからだ。それでも、「限られた経営資源で最大限の結果を出す」には、ファイナンスで主として次の3つを定量的に判断することが可能になる（図6－1）。

①財務（資金調達）の意思決定
②企業価値評価
③投資の意思決定

6-1 ファイナンスとは（企業活動の3要諦）

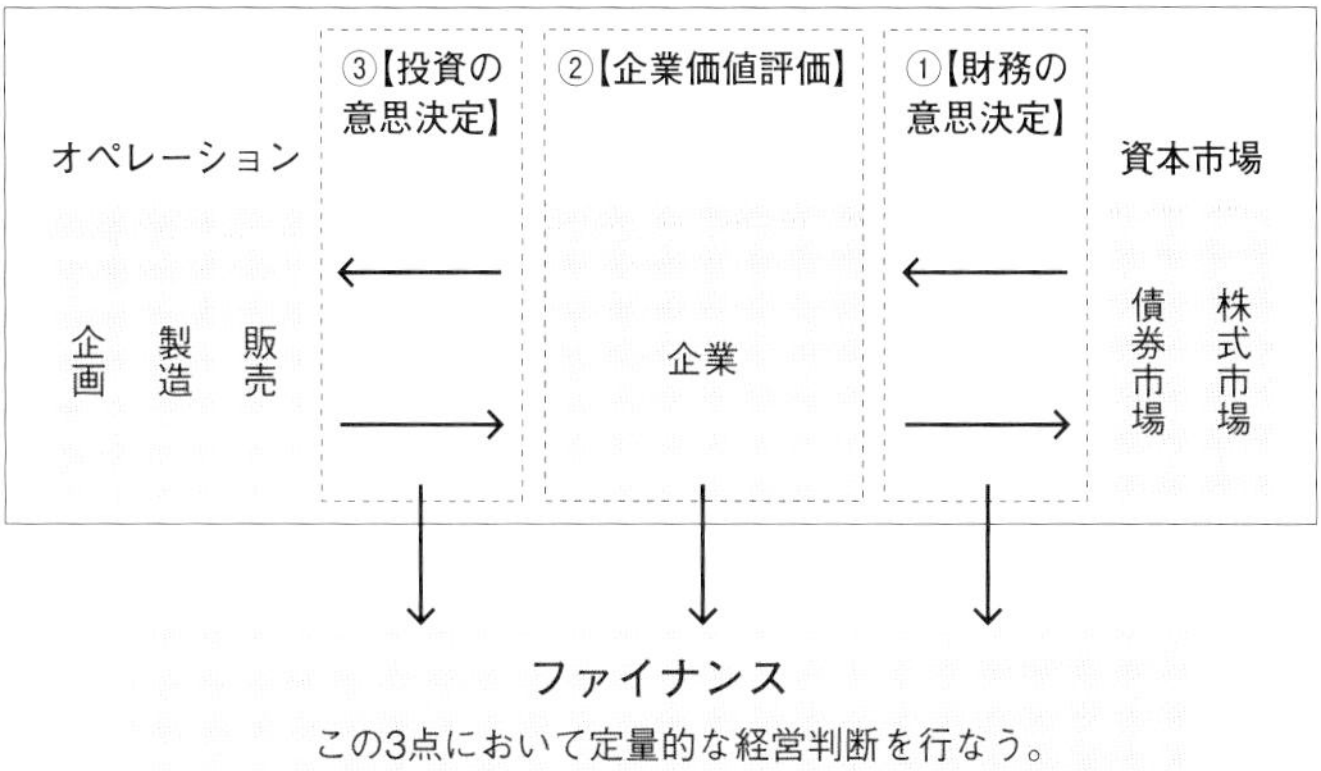

たとえば、あなたが不動産や株式に投資するビジネスチャンスがあるとしよう。その際、ファイナンスを用いることで、理論的な意思決定が可能になる。詳しくは後に譲るが、**不動産などが将来、生み出すキャッシュフローを「現在価値」に置き直して、投資額と比較し、「儲かる投資」かどうかを判断できる経営理論**なのである。

経営戦略（事業計画）に沿って「ヒト」「モノ」「カネ」の使途を決める経営では、未来に結果として現われる100億～1000億円単位の投資を、今の時点で決断する必要に迫られる。

そのためには、事業に関する将来のお金

の流れを推測し、現在の価値に置き換えて、それを判断材料とする意思決定のプロセスが欠かせない。主に「過去、現在の企業の状態」を表わすアカウンティングだけではこれができないのだ。

本書では、経営（マネジメント）、経営戦略とも密接に関連する**「投資の意思決定」**というテーマをベースにしてファイナンスを説明していく。

第5章でも述べたが、アカウンティングもファイナンスも、基本的には次の3つの財務諸表データを用いる。

・BS（貸借対照表）
・PL（損益計算書）
・CS（キャッシュフロー計算書）

ファイナンスがキャッシュフロー（収入に対する支出の差額として手元に残る現金の流れ）に着目し、そのデータをファイナンスの数学的モデルにインプットして示唆を得るのに対して、アカウンティングはデータに何も手を施さないまま示唆を得る。

アカウンティングとファイナンスとの関連について言えば、年間売上からコストを引いて残った利益がPL、CSの「当期純利益」であり、「利益剰余金」としてBSの純資産に積み上がる。その利益は株主に配当することもできるが、**自由に使える資金として内部留保し、さらなる事業成長を促す投資資金に回す。投資の結果、PL、CSの「当期純利益」が増え、純資産が積み上がったBSがより大きくなる。**

今の１００円は１年後の１００円より価値が高い

不確定な将来への投資を合理的に判断する場合、ビジネス・事業の未来のお金の流れを推測し、それを現在の価値に換算して、意思決定の判断材料とする。このファイナンスは、「今の１００円は1年後の１００円より価値が高い」という考え方が基本原則となる。

①今の１００円を貸したり預けたりすると、通常は金利（仮に年10%）がついて1年後には１１０円になっている

②ただ、1年後という未来は誰も見えないので、ひょっとしたら、今１００円で買えるものが80円に安くなるかもしれない。インフレやデフレなどによって１００円の購買力が上下して、今なら１００円で買えるものが、将来同じ値段で手に入らないなどのリスク（不確実性）がある

これが「お金の時間的価値」という考え方である。つまり、ファイナンス理論では、仮に金利が10％の場合、1年後の100円を現在価値に換算すると（割り引くと）、100円÷1.1≒90.9円と考える。10％という割引率は、将来受け取るキャッシュフローのリスクによって決まってくる。当然のことながら、リスクが高いほど割引率（金利）も高くなる。

お金の時間的価値を考慮して、毎年のキャッシュフローを現在価値に換算するときには、**「DCF（ディスカウンテッド・キャッシュ・フロー）法」**という数学的手法を使う。

そして1年後の100円を得るのに、今、70円の元手（初期投資）が必要であるなら、70円の投資で1年後に30円（100円－70円）の利益が手に入ることとなる。1年後の100円の現在価値が90.9円であり、これは70円より大きい（＋）ので、この投資（70円）が見合う（ペイする。100円の現在価値の90.9円よりも低い投資額で100円を獲得できる）と考える。

つまり、このケースでは、90.9円以下の投資で1年後に100円のキャッシュフローを得るという意思決定であれば、合理的な判断となる。

もちろん、専門性が要求される緻密な分析を突き詰めていかなければ、確たることは言えず、ファイナンスの分析などで得られた数値は、前提条件などをよく吟味しなければならない。

その前提条件をどのように定めるかで、いくらでも数字のレンジなどは変わってくるので、ファイナンス理論だけで経営判断ができるものではないことも、知っておく必要がある。そのため、実際の経営判断では、定量的なもの（アカウンティングやファイナンスのデータなど）と、経営者の知見のような定性的なものの見方を総合して意思決定する。

しかし、だからと言って、定量的な分析をおろそかにしてよいとするのは早計である。客観的な数値で評価することは、投資判断の正当性や客観性・納得性を高めるうえで大きな役割を果たしていることは間違いない。

資金調達の「資本コスト」は2つに分かれる
～①WACC（加重平均資本コスト）～

この項では、前述の通り、最終的に「投資の意思決定」をどのように行なうかに焦点を当ててファイナンスの理論を解説する。なぜなら、ファイナンスの側面から見れば、投資が基本的に最終段階の経営活動になるからだ。この前提で、次の3つを吟味する。

つまり、お金をどこかから調達して（①**「財務（資金調達）の意思決定」**）、企業経営を行なった結果、その企業の価値が決まり（②**「企業価値評価」**）、調達した資金のなかから企業の将来計画を担う投資を行なう（③**「投資の意思決定」**）という経営活動について考える。アカウンティング同様、この前段の説明がないまま、いきなり難しい定量分析に巻き込まれると、ファイナンスの要諦がなかなか理解できないことになる。

この①～③において定量的な経営判断を行なうことが、ファイナンスの主な役割となる。これら3つの企業活動に呼応する定量評価の基準は、それぞれ①「財務（資金調達）

6-2 ファイナンスとは（定量的な経営判断基準）

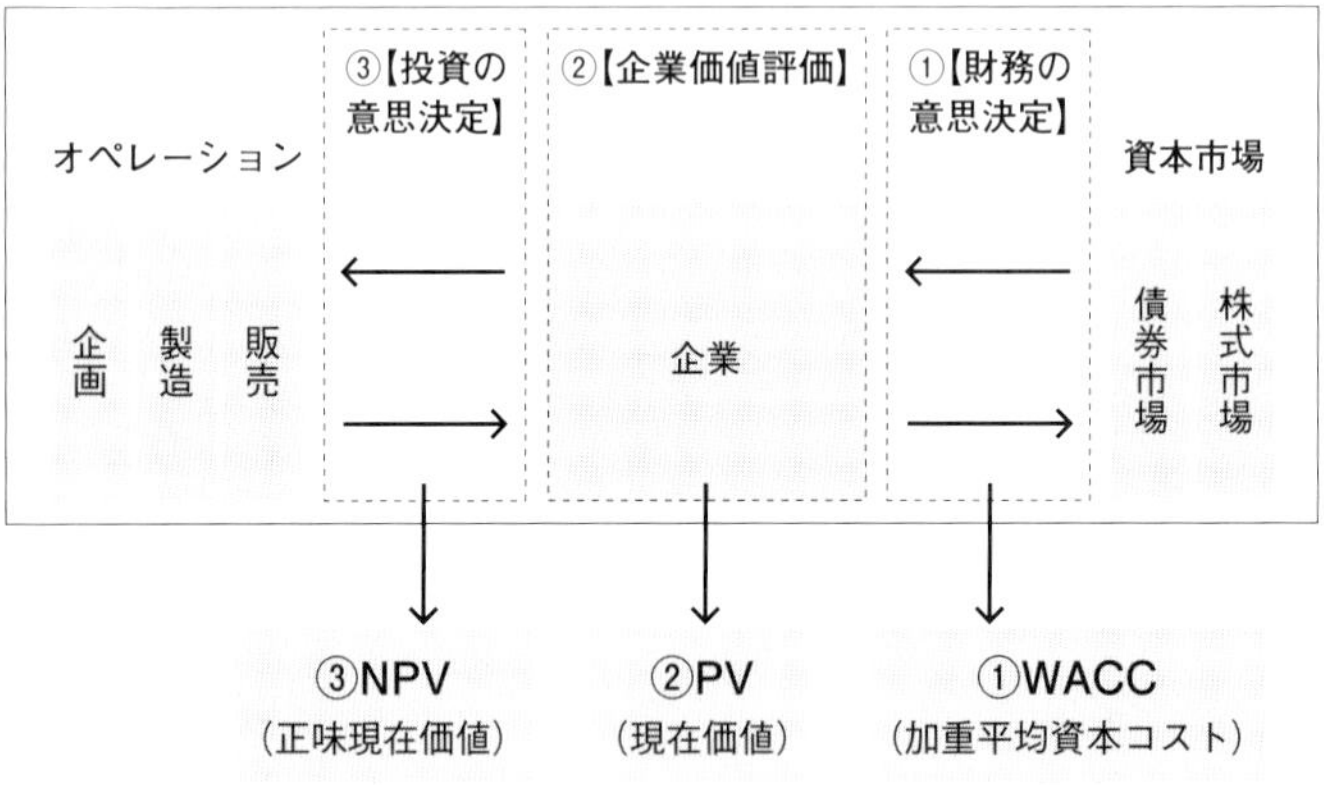

の意思決定」が**WACC**（Weighted Average Cost of Capital、加重平均資本コスト）、②「企業価値評価」が**PV**（Present Value、現在価値）、③「投資の意思決定」が**NPV**（Net Present Value、正味現在価値）となる。では、それぞれ1つずつ見ていこう（図6－2）。

①WACC（加重平均資本コスト）

まず、ファイナンスの経営理論が必要とされるのは、**市場からの資金調達面**であり、その資金調達コストが「WACC（加重平均資本コスト）」である（図6－3）。WACCは、債権者から借りる場合の「**負**

6-3 WACC（加重平均資本コスト）とは

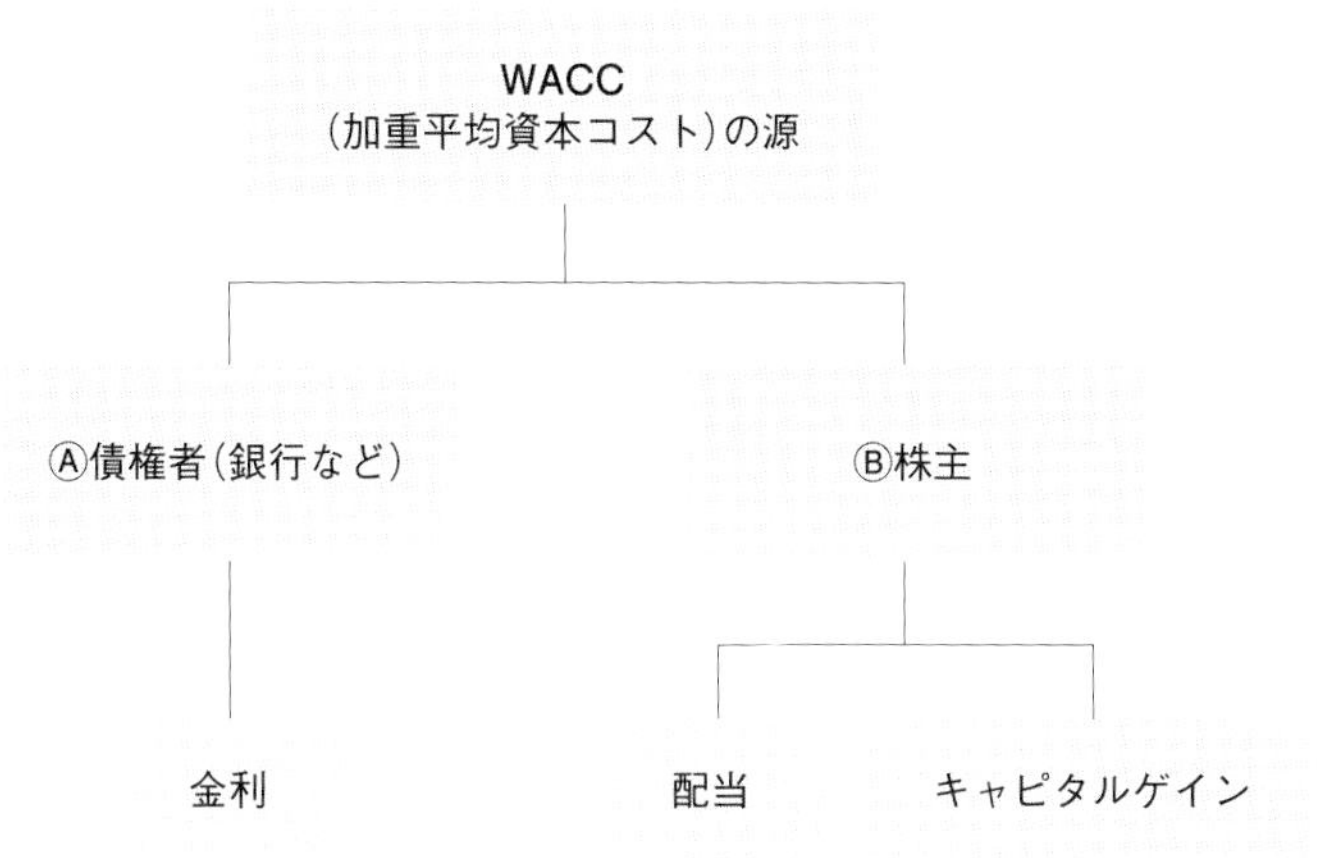

債コスト」と、株主から調達する場合の「**株主資本コスト**」の2つに大別され、金額ではなく「率（%）」で、企業が1円を調達するのに何%のコストがかかっているかを表わす。

ちなみに、一般に企業の資金調達の源泉は2種類ある（図6－4）。それは**負債**（Debt）と**株主資本**（Equity）だ。負債は銀行からの借入金や債券市場から調達した資金からなる。株主資本は、自己資金や内部留保と株式市場から調達した資金である。

6-4 資本の調達先（資金調達の源泉）

BSの右側（資本の調達先）	調達種類	調達手段	調達先
Ⓐ負債（Debt）	借入	間接金融	・銀行
	債券（社債など）	直接金融	・債券市場
Ⓑ株主資本（Equity）	株式	直接金融	・株式市場 ・ベンチャーキャピタル ・知人などの出資

さて、負債コストは、債権者に支払うコストであり、主に利息（金利）だ。他方、株主資本コストは、株主資本（自己資本）に利率を乗じたもので、**CAPM**（Capital Asset Pricing Model、資本資産価格モデル）などを使用して算出する。**「投資家の期待利回り」**と言い換えることもできる。

負債コストと株主資本コストを加重平均したWACCを算出することで、企業の資金調達におけるトータルの資本コスト（率）が把握できる。株主資本コストが負債コストより高いのは、元金と利息の返済義務を負う銀行借入などと比べてリスク（不確実性）が高いためである。株式の配当は業績によって変動し、企業が万一、倒

6-5 WACC（加重平均資本コスト）の算出方法（その1）

● 資本の調達先である負債（Debt）と株主資本（Equity）のコストの加重平均を算出し、企業の総合的な資本調達コストを見ようというもの

$$r=WACC=(D/(D+E))\times(1-T)\times r_d+(E/(D+E))\times r_e=\text{加重平均資本コスト}$$

- $(D/(D+E))$：負債コストの割合
- $(1-T)$：※税金が安くなる（税率控除）
- r_d：負債コスト
- $(E/(D+E))$：株主資本コストの割合
- r_e：株主資本コスト

【構成要素】

※負債のコストは利子費用が損金として処理されるので、その分だけ税金の負担がなくなる

D=長期負債の時価

E=株主資本の時価

T=実効税率

r_d=負債のコスト（利子率）

r_e=株主資本のコスト$=r_f+\beta(r_m-r_f)$

■ 加重平均というのは、「平均値を算出する際に、量の大小を反映させる方法」

産でもすれば価値がゼロになる。

ＷＡＣＣと株主資本コストの式と用語の説明は、図６－５で見てもらいたい。まずは、「ＷＡＣＣ」の計算式だ。何やら複雑な式だが、**加重平均というのは、「平均値を算出する際に、量の大小を反映させる方法」**だ。要は、資本の調達先である負債（Debt）と株主資本（Equity）のコストの加重平均を算出し、企業の総合的な資本調達コストを見ようというもの。

次に、「株主資本コスト」の計算式だが、こちらも若干複雑だ（図６－６）。ＣＡＰＭ（Capital Asset Pricing Model、資本資産価格モデル）から求めるが、これは**「資産へ投資することのリスクと期待利回りの関係を定量化するモデル」**であり、投資家の間で広く利用されている。個別資産のリスクはβ（ベータ）で表わされ、マーケット・リスクプレミアムと無リスク資産利回りから個別資産期待利回りが求められる。

みなさんのなかには、負債コストが株主資本コストより低く、通常は経営介入されないのであれば、資金調達では負債を増やすほうが得策ではないかと、考える人もいるかもしれない。**資本コストでは、バランスをとることが肝心だ。**負債コストには、期日までに元利を返済しなければならないファイナンシャルリスクがともなうためである。

6-6 WACC（加重平均資本コスト）の算出方法（その2）

●株主資本コスト

・CAPM（Capital Asset Pricing Model、資本資産価格モデル）から求める
・これは「資産へ投資することのリスクと期待利回りの関係を定量化するモデル」
・個別資産のリスクはβ（ベータ）で表わされ、マーケット・リスクプレミアムと無リスク資産利回りから個別資産期待利回りが求められる

r_e = 株主資本コスト ＝ $r_f + \beta(r_m - r_f)$ ＝
リスクフリーレート ＋ 個別資産リスク
×
{マーケット・リスクプレミアム
（マーケットの期待収益率－リスクフリーレート）}

＊投資家はリスクフリーレートより上回るレートで投資する。

r_f
リスクフリーレート：リスクのないレート（国債10年物など）

β
自社のベータ（自社の株価と、市場全体の株価の動きの相関で推定する）

$(r_m - r_f)$
マーケット・リスクプレミアム（マーケットの期待収益率-リスクフリーレート）

6-7 資本コストにおいて考えるべき要素

資金調達を考えるポイント

	借入	債券発行	株式発行
1. 調達額	柔軟に対応	多額調達可	多額調達可
2. 期間	短期中心 返済義務あり	中〜長期 返済義務あり	長期安定 返済義務なし
3. コスト	資本コスト低	資本コスト低 ＋ 手数料等	資本コスト高 ＋ 手数料等
4. 調達の容易さ	条件少ない	条件多い	条件多い
5. 経営コントロール	通常は 経営介入なし	通常は 経営介入なし	経営介入の 可能性あり

※『グロービス　MBAファイナンス』(ダイヤモンド社)をもとに作成

このリスクを踏まえたうえで、最適な資本コストの構成を考える際は、①**調達額、②期間、③コスト、④調達の容易さ、⑤経営コントロール**、という5つの要素を検討する必要がある（図6－7）。

たとえば、ダイナミックな世界規模の事業に発展させたいといったケースの資本コスト構成を想定してみよう。このような場合の調達資金では、①調達額が大きく、②期間も長期にわたり、③コストが多少高くなる。また、④調達の容易さ、さらには、⑤経営コントロールが多少難しくなっても、株式発行による資金調達を目指すべきだろう。

借入ばかりでは返済義務が生じるため、ファイナンシャルリスクが増大してしまう。バランスをとるためにも、返済義務のない資金（株主資本）も調達しておくほうがリスクヘッジとして望ましい。ただし、**株式発行はより利回りの高いリターンで報いることを求められるので、その事業性を慎重に見極める必要がある**。

継続を前提にした「現在価値」で投資効果を検証する
～②PV（現在価値）～

工場などの設備投資や企業買収（M&A）といった長年にわたって事業が継続する投資の場合、その事業（企業）の価値を判断するには、**「PV（現在価値）」**の概念が必要になる。

PVでは、将来発生するキャッシュフローが現時点ではどのくらいの価値があるかを判断する。この概念を使うことにより、実施期間が異なるプロジェクト同士の比較などが行ないやすくなる。

PV（現在価値）は図6－8の式で算出される。rはWACC（加重平均資本コスト）。rn＝n年度におけるWACCのことで、**年度に受け取るキャッシュフローの現在における経済価値がPV（現在価値）**となる。

6-8 PV（現在価値）とは（その1）

●PV（現在価値）

$$PV = \text{フリーキャッシュフロー} \div (1+r)_n$$
$$= \Sigma\{FCF_n \div (1+r)_n\}$$

r：WACC（加重平均資本コスト）
FCF_n：n年度に受け取るフリーキャッシュフロー
r_n：n年度におけるWACC
PV：FCF_nの現在における経済価値（現在価値）

フリーキャッシュフローとは、ある期間の事業活動において、「受け取ったキャッシュの総額」から「支払ったキャッシュの総額」を引いたもの。企業が事業活動を行なった後、資金提供者である株主と債権者に自由に分配することができるキャッシュフローを指す。式は図6－9の通り。なお、EBIT（Earning Before Interest and Taxes、支払金利前税引前利益）は営業利益に金利以外で恒常的に発生する営業外損益を加えたものを使う。

最終的にPVを算出するには、毎年のキャッシュフローを現在価値に変換する「DCF（ディスカウンテッド・キャッシュ・フロー）」の手法を利用する。

6-9 ＰＶ（現在価値）とは（その２）

●フリーキャッシュフロー
＝EBIT×(1-法人税率)＋減価償却費－設備投資－運転資本の変化
→ＮＯＰＡＴ（Net Operating Profit After Tax、税引後営業利益）
※EBITは営業利益に金利以外で恒常的に発生する営業外損益を加えたものを使う

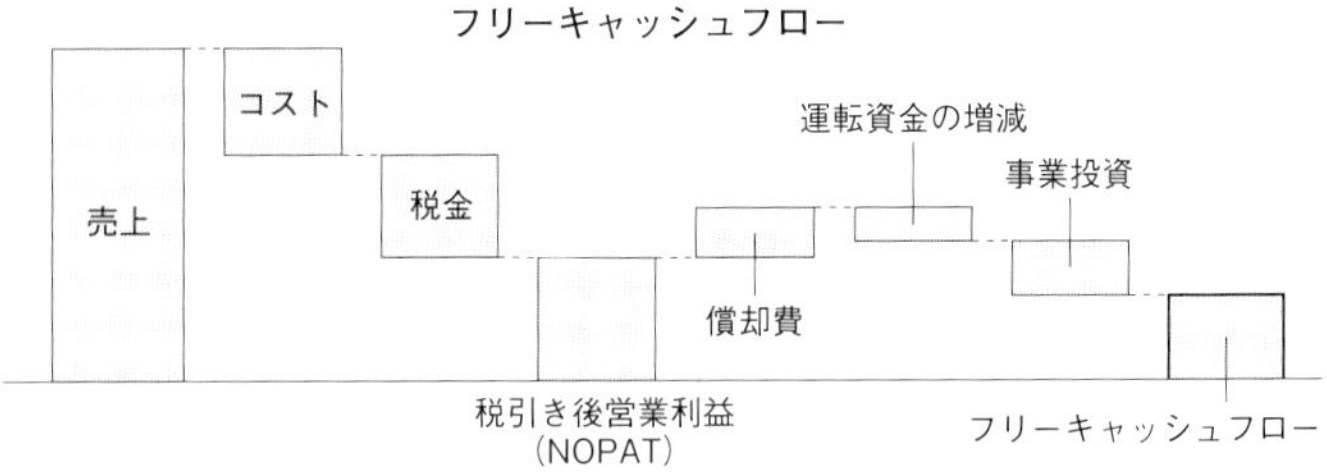

合理的な投資判断の必要条件
～③NPV（正味現在価値）～

WACC（加重平均資本コスト）とPV（現在価値）を踏まえて、合理的な投資判断を下す際によく使われるのが、**「NPV（正味現在価値）」**法である。NPVとは、PVから初期投資額を引いたもので、図6-10でNPVを算出する。いわば、**お金の時間的価値を考慮して、投資とキャッシュフローの関係を考えるためのもの**であり、これを利用して算出する。

NPVが0より多い数値の場合は、投資すべきであることがわかる。先述した、90・9円以下の初期投資額で1年後に100円のキャッシュフローを得られる投資判断に合理性があるとする単純な計算式を、より複雑な現実の投資判断に応用した数式である。

この数式は、ある事業を行なううえで、その事業から予想できるキャッシュフローを資本コストを基に現在価値に戻してみても、プラスのキャッシュフロー（利益）が出る。つ

6-10 NPV（正味現在価値）とは

【NPV】＝{フリーキャッシュフロー÷{(1+WACC) n}ー初期投資額

$$= \Sigma\{FCF_n \div (1+r)_n\} - 初期投資額$$

・上記の式で、NPV>0 の場合は投資をするべきということがわかる。これは、ある事業を行なううえで、その事業から予想できるキャッシュフローを加重平均資本コストを基に現在価値に戻しても、プラスのキャッシュフロー（利益）が出るということがわかるからだ（つまり投資をしないより、するほうが儲かるということ）

まり、投資をしないより、投資をするほうが儲かることを理論上では示している（図6－11）。

PVの概念を使うことにより、投資・実施期間が異なるプロジェクト同士の比較も可能になる（図6－12）。

今、A工場に7年間を対象として、初年度に300億円を投資する案件と、4年間で150億円を投資するB工場の案件という2つの投資機会があり、どちらかを選ぶ経営判断を迫られているとする。

PVを用いて、AとBのプロジェクトを現在価値に換算して同じ土俵で比較検討すれば、どちらに投資すべきかを決める有力な判断材料が手に入る。

6-11 NPVによる投資の意思決定（その1）

【NPV】＝{フリーキャッシュフロー÷{$(1+WACC)_n$}－初期投資額
＝ Σ {$FCF_n \div (1+r)_n$}－初期投資額

NPV（投資判断）
- ＋の場合 → ✓現在価値＞初期投資額 ✓投資する（GO）
- －の場合 → ✓現在価値＜初期投資額 ✓投資しない（NO GO）

全社ベースの財務諸表のみからは、将来各事業本部で生み出すキャッシュフローがわからないため、「投資」の判断をすることが困難。ただ、傾向は推測できる。

たとえば、いずれの工場も毎年のフリーキャッシュフローが50億円、WACCは5%ならば、A工場の場合NPVがマイナスになり、B工場の場合はNPVがプラスとなる。これにより、B工場に投資すべきとなる。

6-12 NPVによる投資の意思決定(その2)

A工場（7年間のみ使用するケース）　※単位は億円

年度	2012	2013	2014	2015	2016	2017	2018
①FCF	50.0	50.0	50.0	50.0	50.0	50.0	50.0
WACC	5.0%	5.0%	5.0%	5.0%	5.0%	5.0%	5.0%
	0.05	0.05	0.05	0.05	0.05	0.05	0.05
②PV	289.3	253.8	216.5	177.3	136.2	93.0	47.6
投資額	300.0	0.0	0.0	0.0	0.0	0.0	0.0
③NPV	-10.7	253.8	216.5	177.3	136.2	93.0	47.6

B工場（4年間のみ使用するケース）　※単位は億円

年度	2012	2013	2014	2015
①FCF	50.0	50.0	50.0	50.0
WACC	5.0%	5.0%	5.0%	5.0%
	0.05	0.05	0.05	0.05
②PV	177.3	136.2	93.0	47.6
投資額	150.0	0.0	0.0	0.0
③NPV	27.3	136.2	93.0	47.6

● A工場
NPV＜0
投資しない(NO GO)

● B工場
NPV＞0
投資する(GO)

万年3位のアサヒビールがガリバーのキリンビールに挑む

ここまでのファイナンス理論の基本を押さえたうえで、企業実例として主に1980年代中盤から1990年代初頭までのアサヒビールとキリンビールのファイナンスを比較分析してみたい（なお、分析の前提となる数値は当時の財務諸表を基にしているが、外部からは取り出せないデータもあり、代用数字や推計値が含まれている）。

ビール業界を取り上げた理由の1つは、典型的な「装置型産業」であることだ。装置型産業は石油、化学、鉄鋼、半導体など、製造業のなかでも大規模なプラントや機械装置を用いる業界を指す。

投資の意思決定から製造拠点の稼動、新商品に対応した設備更新までに相当の期間を要し、投資資金も巨額になるため、**未来の需要予測をいかに読んで、どれだけの投資を行なうかが経営の重要課題となる。**需要を下回る製造設備しか持っていなければ、その分の機会損失が発生し、反対に過剰な設備投資であれば稼働率低下などによる収益力の低下が避けられない。

また、とくにビールは鮮度が味や売上を左右するため、製造拠点の一極集中が難しい。輸送コスト・時間を考慮した工場展開の最適化が求められる。その意味でも、投資の意思決定が経営に占める割合が大きい。

もう1つは、この時期がいわゆる「ドライ戦争」の時代であったことだ。マーケットシェア万年3位のアサヒビールというチャレンジャーが、1987年に「アサヒスーパードライ」を市場投入し、1954年から不動のトップシェアを誇るビール業界のガリバーであるキリンビールに果敢に挑み、そして結果を出した。

アサヒスーパードライは、発売から四半世紀を経た現在でも、トップクラスのシェアを維持している。キリン、サッポロ、サントリーの競合が相次いでドライ分野に参入したことで、成熟化しつつあった国内のビール市場はにわかに活性化した。1990年とアサヒスーパードライの発売前年の1986年を比べると、市場規模が32％も拡大している。

その後、2001年度には、アサヒビールがビール類の販売量でキリンビールを追い抜き、48年ぶりのシェアトップ交代劇を起こす原動力となった。アサヒスーパードライのヒットが同社とビール業界にとっていかに大きな出来事であったかを物語る。

同社は住友銀行出身の村井勉氏、樋口廣太郎《こうたろう》氏の両社長時代に飛躍的な発展を遂げた。畑違いの金融ビジネスを担ってきた両氏がビール業界の発展に大きく寄与できた要因として、ファイナンスの知見が活かされているのではないか。だとすれば、ファイナンスのケーススタディとして取り上げないわけにはいかない。

なお、本来ファイナンスは、先述の通り、未来を見通して投資の意思決定などを行なうものだが、アサヒビールの分析においては、過去の実績を分析し、投資判断などの経営戦略が適切であったかを検証してみたい。

「両輪理論」を地でいったスーパードライの開発

アサヒビールのファイナンスの分析の前に、アサヒスーパードライの開発販売戦略について触れておく必要があるだろう。

同社のマーケットシェアは1961年に3位へ落ちた後も低迷状態が続いた。1985年には9・6%とついに10%を割り込み、シェア9・2%で4位（最下位）のサントリーに追い抜かれかねない危機的状況だった。

1982年に、住友銀行から企業再建の経験を買われて送り込まれた村井氏は、資産売却を進める一方で、全社改革にも取り組んだ。その1つが、ゼロベース思考で考える新商品の開発だった。「苦くてコクのある」ビールという既存のセグメントでの戦いでは、圧倒的シェアを持つキリンビールの牙城を崩すのは難しいと判断したのだろう。

クリティカル・シンキングの例でも挙げたが、キリンが見落とした「コクがあるのにキレがある」という潜在的なニーズのセグメントを、アサヒビールは東京と大阪の2カ所・各5000人を対象にした試飲調査によって見出している。

スーパードライ投入の前年、コクとキレを両立させた新商品の「アサヒ生ビール」を発売した。販売の陣頭指揮をとったのが、村井氏が住友銀行から招いた樋口氏である。これがヒット商品となり、食生活が洋風化した消費者は「コクがあるのにキレがあり、軽快で飲みやすいビールを求めている」という同社の仮説が実地検証されていった。スーパードライの市場投入は、翌1987年のことである。

社内では、アサヒ生ビールの売れ行きが好調だったことから、スーパードライが自社内での競合になるのではないかと懸念して反対もあったという。そこで当初、スーパードライは地域限定の新商品として販売された。スーパードライが大ヒットの兆しを見せると、アサヒ生ビールからの切り替えを急ピッチで進めた。**小さな成功を積み重ねて、ある時点でテコの働きをきかせて一気に飛躍する。ビジネスで結果を出すやり方の王道**を実践したと言えよう。

販売戦略もマーケティングの経営理論に適っている。スーパードライのターゲット層（若手と女性）の購入場所は、スーパーやコンビニ、酒類ディスカウント店などである。

車で持ち帰ったり、自宅での保管のしやすさを考えると、瓶ではなく缶ビールが適している。量販店やコンビニの販売チャネルを強化することでターゲット層の需要を取り込み、「モノを売らずに、ヒトを売る営業」で卸・酒販店流通を押さえてきたキリンの販売戦略と差別化した。スーパードライを指名買いする顧客が増えれば、酒屋や卸も発注量を増やさざるを得ない。

アサヒビールは１９８８年にサッポロビールを抜いてシェア2位にランクアップした。ドライ戦争を制した１９９０年には、シェアを25％まで伸ばす。一方で、キリンビールはアサヒビールに追い上げられてシェアを落としているものの、この時点ではトップの座は維持している。トップメーカーとしてビールの商品構成は多品種にわたり、品ぞろえは業界一を誇る。シェアトップの間に利益を積み重ねてきた内部留保も大きい。

１９９１年時点で、アサヒビール単体の売上７３９１億円、当期純利益62億円に対して、キリンビール単体は売上1兆３１５７億円、当期純利益３６７億円と、圧倒的な収益力（当期純利益は５・９倍）を誇っていた。

シェア獲得の陰の立役者となった設備投資

アサヒビールは、空前のスーパードライブームの最中でも品切れを避け、機会損失が発生しないよう、将来の需要を見込んだ生産能力の大幅な増強を決断し、実行した。

約3450億円の売上高だった1987年〜1991年までの5年間で約5600億円の設備投資を行ない、生産能力を約3・5倍に増やしている。生産力と鮮度管理の質を同時に引き上げるため、6つのビール工場すべてを新鋭化した。

では、これからファイナンス理論をもとに、アサヒビールとキリンビールの財務諸表を見ながら、それぞれの投資戦略を分析していきたい。

ここからは、「1985年〜1991年のアサヒビールのBSとPL他」「1985年〜1991年のキリンビールのBSとPL他」を見つつ、読み進めていただきたい。

②PL　　(単位:10億円)

	12月末						
	1985	1986	1987	1988	1989	1990	1991
売上高	236.4	259.4	345.1	544.9	655.1	730.8	739.1
売上原価	186.2	202.7	267.2	429.1	511.5	563.0	578.9
売上総利益	50.2	56.7	77.9	115.8	143.6	167.8	160.2
販売奨励金	10.9	13.8	19.2	24.2	29.8	38.2	21.4
運搬費	6.6	6.9	10.6	17.2	24.5	25.6	27.0
広告宣伝費	7.9	11.7	18.9	25.7	30.8	29.2	34.4
従業員給与手当	6.3	6.7	7.4	9.0	10.6	12.6	12.7
その他	14.1	15.0	18.3	25.2	36.8	47.1	45.9
営業利益	4.4	2.6	3.5	14.5	11.1	15.1	18.8
受取利息	1.0	5.1	10.9	10.2	32.3	61.6	36.6
有価証券	0.4	0.1	0.4	0.4	0.7	1.0	1.2
受取配当金	0.4	0.5	0.6	0.5	0.8	1.3	1.4
その他	1.5	2.8	2.5	2.6	4.4	7.6	13.4
営業外収益	3.3	8.5	14.4	13.7	38.2	71.5	52.6
支払利息・割引料	2.9	3.2	3.4	5.4	18.3	55.6	37.2
社債利息	0.6	0.6	0.6	0.9	1.4	4.0	11.4
その他	1.0	1.9	4.5	6.9	10.9	9.8	5.3
営業外費用	4.5	5.7	8.5	13.2	30.6	69.4	53.9
経常利益	3.2	5.4	9.4	15.0	18.7	17.2	17.5
特別利益	2.8	0.0	0.0	0.1	0.7	2.3	2.2
特別損失	1.5	1.3	1.7	2.9	4.3	5.4	3.3
税引前当期純利益	4.5	4.1	7.7	12.2	15.1	14.1	16.4
法人税・住民税	3.1	2.5	5.2	7.4	7.7	5.3	8.2
長期納税引当金繰入額	0.0	0.0	0.0	0.0	1.4	2.7	2.0
当期純利益	1.4	1.6	2.5	4.8	6.0	6.1	6.2
減価償却費	5.2	5.2	6.9	10.4	17.8	26.8	15.5
設備投資	n.a.	n.a.	25.7	95.0	178.7	192.4	64.5
研究開発費	n.a.	n.a.	n.a.	1.5	2.0	2.4	2.6

出典:アサヒビールの財務諸表を加工・修正している

6-13 アサヒビールのBS、PL他(1985〜1991)

①BS　　(単位:10億円)

	12月末						
	1985	1986	1987	1988	1989	1990	1991
現金・預金	8.4	35.8	58.2	105.5	198.1	338.6	429.9
売掛債権	34.4	39.8	57.8	93.4	118.6	119.4	125.1
有価証券	9.8	7.0	20.1	16.2	49.2	83.3	98.7
原材料	16.5	14.5	14.1	20.7	32.0	34.3	29.8
未収入金	3.8	4.9	6.5	10.0	13.7	22.1	19.8
その他	12.2	11.4	18.3	24.7	29.6	37.5	33.4
流動資産合計	85.1	113.4	175.0	270.5	441.2	635.2	736.7
建築・構築物	11.3	12.0	16.7	27.2	58.9	100.9	160.7
機会・装置等	16.3	17.5	23.4	43.1	92.4	113.5	174.7
土地	10.4	11.0	13.2	21.7	61.9	81.2	96.6
有形固定資産合計	40.0	46.2	65.0	141.9	286.2	408.2	452.5
無形固定資産合計	0.6	1.2	1.9	3.8	4.2	5.1	5.7
その他	14.1	20.7	24.3	63.6	82.2	118.7	116.0
固定資産合計	54.7	68.1	91.2	209.3	372.6	532.0	574.2
資産合計	139.7	181.6	266.2	479.8	813.8	1,167.2	1,310.9
短期借入金	15.4	3.8	2.0	0.0	0.0	1.5	7.0
未払酒税・消費税	16.1	26.7	40.4	71.6	78.5	78.4	86.5
未払金(設備工事代等)	1.2	4.4	9.1	32.4	35.3	36.9	11.8
未払費用	6.0	0.7	9.0	15.4	22.3	25.3	24.1
預り金(取引契約保証金等)	32.1	34.8	40.3	49.9	59.5	62.9	70.3
その他	24.6	33.1	61.9	64.0	142.8	330.9	395.6
流動負債合計	95.4	103.5	162.7	233.3	338.4	535.9	595.3
社債	4.6	7.1	4.5	34.2	158.8	218.8	266.7
転換社債	0.0	20.0	5.3	52.5	27.1	77.6	72.6
長期借入金	1.0	12.3	8.6	11.1	11.6	32.1	74.6
退職給与引当金	5.9	5.1	5.2	5.5	6.0	6.3	6.6
その他	0.0	0.3	0.1	5.6	28.4	25.5	16.4
固定負債合計	11.5	44.8	23.7	108.9	231.9	360.3	436.9
負債合計	106.9	148.3	186.4	342.2	570.3	896.2	1,032.2
資本金	11.2	11.2	34.3	61.5	112.8	125.1	127.6
資本準備金	4.7	4.7	27.0	54.2	105.4	117.7	120.2
利益準備金	2.8	2.8	2.9	3.0	3.3	3.6	3.9
その他剰余金	14.1	14.5	15.7	18.9	22.0	24.5	27.0
資本合計	32.8	33.2	79.9	137.6	243.5	271.0	278.8

6-14 キリンビールのBS、PL他（1985～1991）

①BS　　　　（単位：10億円）

	1月末			12月末			
	1985	1986	1987	1988	1989	1990	1991
現金・預金	66.6	100.8	178.2	209.8	346.7	298.7	268.3
受取手形・売掛金	63.6	64.1	75.9	136.1	149.3	163.7	165.0
有価証券	158.9	154.1	158.4	119.5	96.0	141.1	142.2
棚卸資産	66.2	63.5	60.0	62.3	63.2	62.9	51.6
未収入金	-	-	-	16.2	23.2	24.5	19.3
流動資産	364.5	392.9	483.4	558.6	691.5	701.6	659.0
有形固定資産	206.2	205.2	208.7	230.3	276.8	309.6	334.6
（うち土地）	(40.2)	(40.6)	(43.7)	(51.9)	(66.6)	(72.0)	(70.8)
投資有価証券	31.5	35.1	39.9	10.1	14.4	15.4	18.3
関係会社株式	16.7	15.5	21.2	26.9	32.9	38.6	40.8
投資その他資産	73.8	89.6	119.2	116.7	157.2	188.4	226.4
固定資産	282.7	297.3	330.1	349.1	439.4	503.7	567.2
資産合計	647.1	690.2	813.5	907.7	1,130.9	1,205.3	1,221.1
支払手形・買掛金	21.4	21.5	28.0	36.5	51.3	63.7	41.5
短期借入金	6.1	6.1	5.9	4.7	4.6	5.6	61.4
未払酒税	94.1	96.8	102.6	112.0	105.0	119.0	124.3
未払費用	26.2	26.5	31.5	35.3	39.7	47.1	40.0
預り金	32.9	37.0	41.9	51.0	54.6	61.2	70.0
従業員預り金	6.1	6.3	6.4	6.8	7.1	7.5	7.6
流動負債	237.6	249.2	269.6	281.7	336.2	381.6	429.2
社債	-	-	54.3	54.3	97.1	97.1	42.7
転換社債	10.6	5.0	1.9	51.0	50.0	49.9	49.9
長期借入金	10.3	8.8	7.6	11.5	13.5	12.5	10.1
退職給与引当金	55.5	63.3	66.4	70.1	74.3	76.7	80.1
受入保証金	61.6	68.9	74.4	75.9	79.9	81.4	81.9
固定負債	147.0	146.3	220.8	276.6	330.1	330.6	270.8
負債合計	384.6	395.5	490.4	558.2	666.3	712.2	700.0
資本金	48.2	51.2	52.7	53.2	101.9	102.0	102.0
資本準備金	17.2	20.0	21.5	22.0	70.7	70.8	70.8
利益準備金	10.9	11.5	12.4	12.7	13.3	14.1	14.9
その他剰余金	186.1	212.0	236.4	261.6	278.7	306.1	333.4
資本合計	262.6	294.7	323.0	349.5	464.6	493.1	521.1
②PL							
売上高	1,210.9	1,221.8	1,266.3	1,178.8	1,199.8	1,355.8	1,315.7
売上原価	1,024.9	1,013.6	1,041.6	966.2	966.9	1,070.3	1,051.3
売上総利益	185.9	208.2	224.8	212.7	232.9	285.5	264.4
販売奨励金	21.4	28.1	35.2	38.1	46.1	55.1	37.3
運搬費	30.2	30.1	30.6	33.4	35.2	40.5	35.8
広告宣伝費	13.9	15.9	18.4	24.3	26.6	27.6	26.9
従業員給与手当	14.3	16.2	17.7	19.2	22.5	24.6	24.7
営業利益	65.5	72.1	69.6	41.1	39.3	63.1	64.7
受取利息・有価証券利息	15.7	14.9	19.4	30.6	47.6	55.3	48.0
受取配当金	1.4	1.6	1.6	2.0	4.5	3.4	2.8
営業外収益	19.9	18.7	23.9	35.5	58.2	62.0	56.3
支払利息・割引料	8.2	7.5	8.4	30.6	24.8	31.2	24.4
社債利息	0.4	0.2	0.1	0.3	0.9	0.9	0.9
営業外費用	12.1	11.5	12.7	11.8	32.9	40.2	34.6
経常利益	73.3	79.3	80.8	64.7	64.6	84.9	86.4
特別利益	0.5	0.4	0.1	0.8	10.9	1.0	1.4
特別損失	5.4	4.0	4.4	6.4	7.3	5.1	8.7
税引前当期純利益	69.7	75.0	76.2	59.1	68.2	80.8	79.1
法人税・住民税	38.7	41.7	42.1	30.1	39.9	45.0	42.4
当期純利益	31.0	33.3	34.1	29.0	28.3	35.8	36.7

（注）1988年は11カ月間（2月1日～12月31日）の決算

減価償却費	20.0	19.4	21.2	20.6	24.5	28.3	34.7
設備投資	n.a.	n.a.	22.0	45.8	80.6	60.2	74.2

※準流動資産、準流動負債という名称は、
筆者が便宜上設定している

出典：キリンビールの財務諸表を加工・修正している

6-15 アサヒビールのWACC、PV、NPV(1985～1991)

①WACC ②PV ③NPV (単位:10億円)

年度	1985	1986	1987	1988	1989	1990	1991
税引前当期純利益	4.5	4.1	7.7	12.2	15.1	14.1	16.4
支払利息	2.9	3.2	3.4	5.4	18.3	55.6	37.2
EBIT(支払金利前税引前利益)	7.4	7.3	11.1	17.6	33.4	69.7	53.6
税率	0.4	0.4	0.4	0.4	0.4	0.4	0.4
減価償却費	5.2	5.2	6.9	10.4	17.8	26.8	15.5
設備投資	0.0	0.0	25.7	95.0	178.7	192.4	64.5
ワーキングキャピタル	-3.3	-22.1	-43.9	-68.3	-95.3	-237.8	-281.5
流動資産	85.1	113.4	175.0	270.5	441.2	635.2	736.7
現金及び預金	8.4	35.8	58.2	105.5	198.1	338.6	429.9
準流動資産	76.7	77.6	116.8	165.0	243.1	296.6	306.8
流動負債	95.4	103.5	162.7	233.3	338.4	535.9	595.3
有利子負債	15.4	3.8	2.0	0.0	0.0	1.5	7.0
準流動負債	80.0	99.7	160.7	233.3	338.4	534.4	588.3
ワーキングキャピタル増加額		-18.8	-21.8	-24.4	-27	-142.5	-43.7
FCF	9.6	28.4	9.7	-49.6	-113.86	18.7	26.9
①WACC	3.5%	3.1%	4.1%	5.0%	4.8%	5.6%	5.3%
	0.035	0.031	0.041	0.050	0.048	0.056	0.053
②PV	-56.9	-49.1	-59.9	-53.2	66.72	145.7	153.9
投資額	0	0	25.7	96.5	180.7	194.8	67.1
③NPV	-56.9	-49.1	-85.6	-149.7	-168.1	-49.1	86.8

株主資本コスト(rE)	10.1%	10.1%	10.1%	10.1%	10.9%	10.2%	9.5%
	0.101	0.101	0.101	0.101	0.109	0.102	0.095
β	1.01	1.01	1.01	1.01	1.17	1.04	0.87
マーケット期待収益率	10.0%	10.0%	10.0%	10.0%	10.0%	10.0%	10.0%
リスクフリーレート	5.0%	5.0%	5.0%	5.0%	5.0%	6.0%	6.5%
マーケットリスクプレミアム	5.0%	5.0%	5.0%	5.0%	5.0%	4.0%	3.5%
負債コスト(rD)	2.5%	2.5%	2.5%	4.9%	3.6%	7.0%	7.0%
株主資本(E)	32.8	33.2	79.9	137.6	243.5	271.0	278.8
負債(D)	106.9	148.3	186.4	342.2	570.3	896.2	1032.2
実効税率	0.4	0.4	0.4	0.4	0.4	0.4	0.4
純資産	32.8	33.2	79.9	137.6	243.5	271.0	278.8
利率	10.1%	10.1%	10.1%	10.1%	10.9%	10.2%	9.5%
コスト	3.3	3.4	8.1	13.9	26.5	27.6	26.5
負債	106.9	148.3	186.4	342.2	570.3	896.2	1032.2
利率	2.5%	2.5%	2.5%	4.9%	3.6%	7.0%	7.0%
コスト	2.7	3.7	4.7	16.8	20.7	62.7	72.3
①WACC	3.5%	3.1%	4.1%	5.0%	4.8%	5.6%	5.3%

6-16 キリンビールのWACC、PV、NPV（1985～1991）

①WACC②PV③NPV （単位：10億円）

年度	1985	1986	1987	1988	1989	1990	1991
税引前当期純利益	69.7	75.0	76.2	59.1	68.2	80.8	79.1
支払利息	8.2	7.5	8.4	30.6	24.8	31.2	24.4
EBIT(支払金利前税引前利益)	77.9	82.5	84.6	89.7	93.0	112.0	103.5
税率	0.4	0.4	0.4	0.4	0.4	0.4	0.4
減価償却費	20.0	19.4	21.2	20.6	24.5	28.3	34.7
設備投資	0.0	0.0	22.0	45.8	80.6	60.2	74.2
ワーキングキャピタル	66.4	49	41.5	71.8	13.2	26.9	22.9
流動資産	364.5	392.9	483.4	558.6	691.5	701.6	659.0
現金及び預金	66.6	100.8	178.2	209.8	346.7	298.7	268.3
準流動資産	297.9	292.1	305.2	348.8	344.8	402.9	390.7
流動負債	237.6	249.2	269.6	281.7	336.2	381.6	429.2
有利子負債	6.1	6.1	5.9	4.7	4.6	5.6	61.4
準流動負債	231.5	243.1	263.7	277.0	331.6	376.0	367.8
ワーキングキャピタル増加額	0.0	-17.4	-7.5	30.3	-58.6	13.7	-4.0
FCF	66.7	86.3	57.5	-1.7	58.3	21.6	26.6
①WACC	5.0%	5.2%	4.9%	5.7%	5.7%	6.6%	6.5%
	0.050	0.052	0.049	0.057	0.057	0.066	0.065
②PV	268.9	233.3	176.7	145.2	172.3	141.0	145.9
投資額	0.0	0.0	22.0	45.8	80.6	60.2	74.2
③NPV	268.9	233.3	154.7	99.4	91.7	80.8	71.7

株主資本コスト(rE)	10.1%	10.1%	10.1%	10.1%	10.9%	10.2%	9.5%
	0.101	0.101	0.101	0.101	0.109	0.102	0.095
β	1.01	1.01	1.01	1.01	1.17	1.04	0.87
マーケット期待収益率	10.0%	10.0%	10.0%	10.0%	10.0%	10.0%	10.0%
リスクフリーレート	5.0%	5.0%	5.0%	5.0%	5.0%	6.0%	6.5%
マーケットリスクプレミアム	5.0%	5.0%	5.0%	5.0%	5.0%	4.0%	3.5%
負債コスト(rD)	2.5%	2.5%	2.5%	4.9%	3.6%	7.0%	7.0%
株主資本(E)	262.6	294.7	323.0	349.5	464.6	493.1	521.1
負債(D)	384.6	395.5	490.4	558.2	666.3	712.2	700.0
実効税率	0.4	0.4	0.4	0.4	0.4	0.4	0.4
純資産	262.6	294.7	323.0	349.5	464.6	493.1	521.1
利率	10.1%	10.1%	10.1%	10.1%	10.9%	10.2%	9.5%
コスト	26.5	29.8	32.6	35.3	50.6	50.3	49.5
負債	384.6	395.5	490.4	558.2	666.3	712.2	700.0
利率	2.5%	2.5%	2.5%	4.9%	3.6%	7.0%	7.0%
コスト	9.6	9.9	12.3	27.4	24.2	49.9	49.0
①WACC	5.0%	5.2%	4.9%	5.7%	5.7%	6.6%	6.5%

①WACC（加重平均資本コスト）

この時期のアサヒビールのWACC（加重平均資本コスト）は、上の図の式で求められる。アサヒビールのWACCは、＋3・1～＋5・6％で推移している。これは、負債コストが＋2・5～＋7・0％で推移するところ、株主資本コストが＋9・5～＋10・9％で推移した際の加重平均となる。

```
r = WACC
  = (D/D+E) x (1-T) x rd
    + (E/D+E) x re
  = 加重平均資本コスト
```

なお、株主資本コストは以下のCAPM（資本資産価格モデル）で求められるが、（算出する上で）β値（個別試算リスク）やマーケット・リスクプレミアムなどの設定方法がやや難しい。

一方のキリンビールのWACC（加重平均資本コスト）は、＋4・9～＋6・6％で推移している。これは、負債コストが＋2・5～＋7・0％で推移するところ、株主資本コストが9・5～10・9％で推移した際の加重平均となる。

アサヒビールのほうが、WACCの値が小さく、相対的に資金をキリンビールより安いコストで調達できていることを示す。ただし、

re ＝　株主資本コスト
＝　rf＋ β （rm － rf）
＝　リスクフリーレート＋個別資産リスクｘ
{マーケット・リスクプレミアム
（マーケット・期待収益率－リスクフリーレート）}

負債コスト・株主資本コストは同一という条件での比較であるため、単に企業規模がキリンビールの方が大きく、基本的に自己資本・負債金額の差を反映したものとも言えよう。

アサヒとキリンに見る、歴然とした経営の安定度の差

FCF＝EBIT（税引前利益）×（1－法人税率）＋減価償却費－設備投資－｛ワーキングキャピタル（運転資本）の変化｝（増加運転資本）
ワーキングキャピタル
＝（現金等価物を除いた）流動資産－（有利子負債を除いた）流動負債

アサヒビールのFCF（フリーキャッシュフロー）は、上記の式で求められる。アサヒビールのFCFは、▲1139～＋284億円で推移している。プラスの場合は「受け取ったキャッシュ」が「支払ったキャッシュ」よりも多いことを示し、マイナスのケースは「受け取ったキャッシュ」より「支払ったキャッシュ」が多いことを示している。1988～1989年は生産力増強のための設備投資増などで、マイナスになったと考えられる。

これに対して、キリンビールのFCF（フリーキャッシュフロー）は、▲17～＋863億円で推移している。マ

イナスは1988年のみであり、その年以外は安定的にプラスで推移していることを示す。ただ、マイナス時の金額も微々たる額であり、財務内容が明らかにアサヒビールよりもよいことがわかる。

キリンビールのほうが、FCFの値が大きい。基本的にキリンビールは、安定的にキャッシュフローがプラスで推移していることを示している。一方、アサヒビールはプラス時の金額もあまり大きくなく、マイナス時の金額が大きいことから、不安定なキャッシュフローと言えよう。経営の安定度の差が大きいことがわかる。

②PV（現在価値）

さらにアサヒビールのPV（現在価値）は、上記の式で求められる。

$$PV = \Sigma \{FCFn \div (1+r)n\}$$

アサヒビールのPVは、▲599～+1539億円で推移している。1988年までは継続してマイナスとなっているが、これは将来生み出すキャッシュフローを現在価値に戻した場合（向こう6年間分を割り戻すケース）、プラスにはならないことを意味している。ただし、1989年以降はプラスに転じている。これに対して、キリンビールのPVは、+

1410～+2689億円で推移している。これは、向こう6年間がすべて安定的にプラスで推移していることを示しており、経営の安定ぶりは、アサヒビールとの比較で傑出している。

③NPV（正味現在価値）

また、アサヒビールのNPV（正味現在価値）は、上記の式で求められる。アサヒビールのNPVは、▲1681～+868億円で推移している。これは、本来NPVがプラスであれば、投資をしてよいということになるが、逆に結果論的には、本数値が正しいと仮定するならば、一義的な投資をしてはいけないなかで、無理矢理、投資を行なってしまったと言えよう。

これに対して、キリンビールのNPV（正味現在価値）は、+717～+2689億円で推移している。こちらは結果論的には、アサヒビールと同様に本数値が正しいと仮定するならばすべての投資が後付の理由からも正当化される（NPVの考え方からも正しい投資が行なわれた）ものと言えよう。それほど、財務内容が明らかにアサヒビールよりも安定していた。

$$NPV = \Sigma\{FCFn \div (1+r)n\} - (初期投資額)$$

チャンスは貯金できない

WACC、PV、NPVのいずれにおいても、キリンビールがアサヒビールより勝っている。アサヒビールは5年間に約5600億円の設備投資を行なうなど、シェア獲得優先で、定量分析ではある意味、合理的とは言えない投資を続けてきたことがわかる。その体力の差は歴然であり、シェアでは迫られていてもキリンビールがガリバーであるゆえんだ。

しかし、アサヒビールの樋口社長は「チャンスは貯金できない」と考え、巨額の設備投資を継続した。国内の寡占市場で万年3位のアサヒビールにとっては、当面の財務体質を犠牲にしてでも、スーパードライで一気にマーケットシェアを獲りにいくという明快な事業戦略に基づく投資スタンスだったと言える。それも樋口社長が住友銀行出身だったことより、同銀行のバックアップを得られたことも大きかったと思われる。また、アサヒスーパードライという商品に対する自信もうかがえる。

金融も熟知する経営者として、ここは多少無理をしても、将来のキャッシュフローを生み出すチャンスを手にすべきと考えて、緻密な経営戦略をもとにキャッシュを切らさぬようにしながらも設備投資を進めたことは想像に難くない。実際、アサヒスーパードライを生み出し、大ヒット商品に育て上げたことで、図6－17の通り、それまでの失地回復を見事に図っている。脆弱な財務体質の同社は、このチャンスを機に、経理・財務的な改善も図りつつ、大躍進を遂げた。以降の財務体質は着実に改善され、シェアを落としたキリンビールはじわじわと健全な財務体質が侵食される流れになっている。ファイナンスを分析することで、そうした動きを定量的に読み取ることが可能となる。

現在に話を戻すと、国内のビール業界大手4社が今後、どこに向かおうとしているのか明確には見えてこない。もちろん、4社とも世界規模の「ベバレッジ・カンパニー」を目指してしのぎを削っていくのだろう。各社、国内外の飲料メーカーなどをM＆Aで傘下に収めているが、世界のベバレッジ業界のリーダーになるというビジョンまではあまり伝わってきていない。**どれだけ高い志を持ち得るか、消費者のニーズを刺激する商品を開発できるか、どれだけシェアを拡大する戦略を打ち出せるかが**、今後の発展や競争に打ち勝つ鍵となろう。

6-17 アサヒビールとキリンビールのマーケットシェア

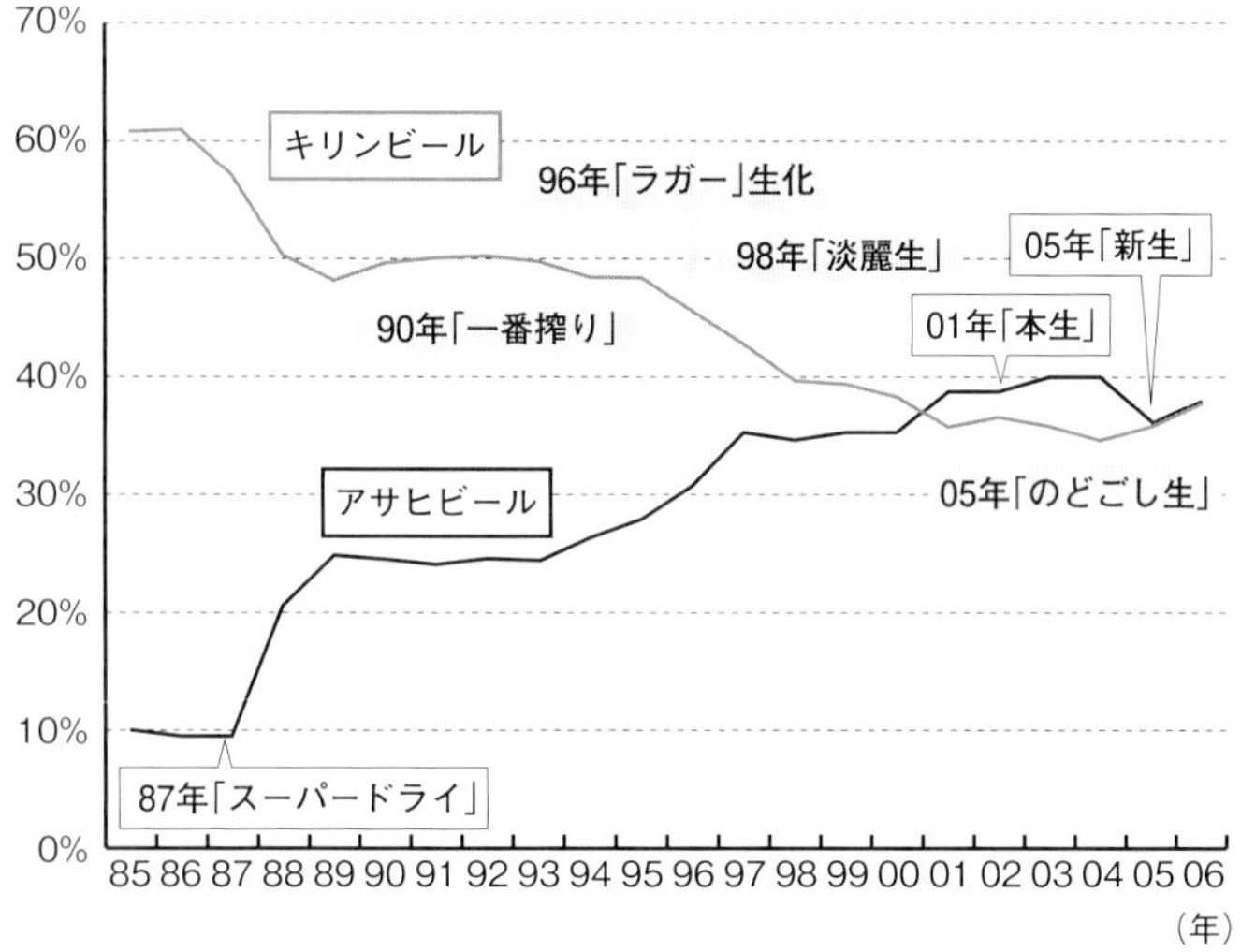

ファイナンスによる意思決定は現場レベルでも必要になる

これまで経営者に求められる投資の意思決定を中心にファイナンス理論を説明してきた。しかし、社内グループ制や持ち株会社への移行が進む現在では、本部長、現場のマネジャークラスでも未来への投資判断が必要とされるようになっている。

たとえば、私がかつて勤めていた三菱商事では、早くから社内グループ制を導入し、各グループの独立採算を徹底してきた。グループに「ヒト」「モノ」「カネ」の経営資源と使途を決める権限を与え、給与水準や人事評価制度もグループの事業内容、業績に応じた体系を採用している。横串の人事、総務費用などもグループ別に振り分ける管理会計を行ない、BS、PL、CSもグループごとに完結する。Aグループの赤字をBグループの黒字で埋めることはできない仕組みだ。

プロジェクト的に仕事をする商社では、つねに個別の事業・プロジェクト単位での採算が厳しく問われる。2000年には、赤字が一定期間続いた事業には一部の例外を除いて自動的に改善命令が出て、「期限までに黒字化しなければ撤退」というルールが設けられた。2001年には、既存の事業領域で部課制が廃止され、新たに「ビジネス・ユニット制」が導入されている。存続・撤退を決める経営指標を「MCVA」（「事業収益」―（「最大想定損失」×「株主資本コスト」））に統一し、各ユニットのミッションを「再構築型」「成長型」「拡張型」に分類することで、経営資源の選択と集中を推進している。

これまでの考察から明らかなように、世の中の流れとしては、企業は管理会計やファイナンス理論の導入により、事業の優勝劣敗を明確にし、積極的に統廃合を進めるようになってきている。投資や財務の意思決定をする組織単位が小さくなっているため、ビジネスパーソンはファイナンスの経営理論を使いこなして結果を出す場面が増えつつある。この意味でも、ファイナンス理論の習得は喫緊の課題だろう。

ビジネス・事業は、未来という見えないものに対して、仮説を構築しながら進めるしかない。その規模が大きくなればなるほど、失敗したときのダメージも大きくなる。そのため、経営の確度を高める趣旨でも、ファイナンスという定量分析の手法が発達してきた。しかし、WACC、PV、NPVの考え方も次のような課題がある。

・まずは、将来のキャッシュフローの予想が困難
・それを現在価値に割り戻す際のWACCの設定が難しい
・株主資本コストを求める際のCAPMの考え方が難しい
・PVを求める際のフリーキャッシュフローの設定が難しい
・投資の対象期間を何年間と見るのかが難しい

しかし、企業はアサヒビールのように競合との戦いを制して生き残っていくには工場建設などの大規模投資を次々と実施していく必要がある。ファイナンス自身が持つ課題に加えて、政治・経済、自然災害などの要因が加わってくる。そこで必要なのは次の条件だ。

・経営者や経営陣が経営（理論と実践）に通じていること
・アカウンティング、ファイナンスの定量分析の精度が高いこと
・PEST分析などの定性分析の精度が高いこと
・そして、経営者に、商品開発や投資を含めて判断力、決断力があること

第7章

人材マネジメント

——個人の力を最大化する組織の作り方

［グーグル］

人材マネジメントなくして、ビジネスの成功なし

経営（マネジメント）とは、「頭で考えたこと（経営理論）」を「実行すること（実践）」にほかならない。そして先述したように企業経営の目的を、こう考えている。

経営理論を実行し、結果を出すために企業は「ヒト（社員）」をマネジメントしなければならない。経営戦略、マーケティング、アカウンティング、ファイナンスを、最終的に実行するのは、あくまでヒトであるからだ。そしてヒトの力を最大限に活かす組織作りができれば、競合他社との競争に打ち勝って売上を上げ、事業のさらなる成長、拡大が可能となる。企業価値の持続的な増大も期待できる。

そのための管理手法が、「人材マネジメント」という経営理論である。経営理論のピラミッド（図1－3）では、最下層に位置づけられるが、人材マネジメントが機能しない限り、上位層の経営理論は実践段階で失敗に終わる可能性が高い。つまり、人材マネジメン

トこそが経営実行の基盤となるものであり、これが「**企業は人なり**」と言われるゆえんだ。

経営理論で人材マネジメントを扱うことに疑問を抱く人もいるかもしれない。「モノ」や「カネ」と違って、感情の動物である人間、その集団である組織を、理屈でマネジメントとして管理することなどできない、という考え方だ。そのことは否定しないが、心理学や人間行動学が進んだ現在、ヒトの欲求や動機づけなど行動のメカニズムには、一定の法則性があることがわかっており、人材マネジメントのベースとなるヒトの特徴・行動には次のようなものがある。

- ヒトには意思や感情、欲求がある
- ヒトの能力は向上し、時には低下する。また能力の種類も変化する
- 意思、感情、欲求、能力などは「変えよう」と決めてすぐに変えられるものではない。無理に変えようとすると、抵抗が生じることも多い
- 意思、感情、欲求、能力などのあり方や変化の程度には個人差がある。同一人物でも注目するタイミングによって、感じ方や欲求の程度が異なる場合がある

・意思、感情、欲求、能力などの組み合わせに基づく何らかのメカニズムによって、ヒトの行動はある程度決まる

＊出典『グロービスMBAマネジメント・ブック』（ダイヤモンド社）

当然、グローバルなビジネスでは、日本的コミュニケーションの「以心伝心」も「あうんの呼吸」も通じない。世界で活躍するビジネスパーソンの多くは、行動のメカニズムをいち早く理解したうえで、部下や組織の人材マネジメントに活かしている。また、仮にドメスティックなビジネスであっても、取引先や顧客は人間である。

世界一の投資家であるウォーレン・ヴァフェット氏が「私は好きで、信用でき、尊敬できる人々としか仕事をしないことにした。その企業の将来性がいかに高くても、人間的に尊敬できない人々が経営者なら投資しようとは思わない」と言ったように、**人間に対する理解なくして、経営理論の実践もあり得ない。**

ヒトが新たな価値を生み出すグーグルの成功要因

現在、アップル、グーグル、フェイスブックなどをはじめ、世界市場で魅力的な企業には、グローバルなＩＴ企業が多い。これらの企業が提供する商品やサービス（ｉＰｈｏｎｅなど）は、すべてヒトが考え出したものだ。人間の英知、限りない能力など、可能性を信じて引き出す経営理論が人材マネジメントと言ってもよい。本章で詳しく取り上げるグーグルは、経営実行において人材マネジメントを駆使している典型的な企業であり、優秀なＩＴエンジニアが世界から集まる競争優位の源泉がある。

グーグルの影響力は、国家を越えて広がりつつある。いわば、「検索エンジン」というグーグルの独自の価値観に基づくフィルターを通して、世の中のあらゆる情報を再構築し、「グーグル発の情報を発信する」ことに成功しているからだ。この情報の価値が高く「ヒト」「モノ」「カネ」が集まる好循環を創り出していることが、グーグルの事業の根幹をなす。幕末の志士・坂本龍馬は、理想の国家を「皆が笑うて暮らせる国」と表現している。同様にグーグルは、いわば「社員（とくにエンジニア）が笑うて暮らせる会社」を形成し、このための仕掛け・仕組みを追求している。ヒトの力を最大限に活かす人材マネジメントのケースとして、これ以上の企業はないだろう。

グーグルの成功要因には、大きく次の3点が挙げられる。

①ＩＴ技術力で、初期のうちに稼げるビジネスモデルを確立したこと
②ほかが追随できない技術力発展の企業文化を創り上げたこと
③個人・集団・企業レベルで最高のパフォーマンスを出せる人材マネジメントの仕組みを作り上げたこと

ＩＴ全盛時代に、「検索」という点に特化し、情報科学の技術力も駆使して、「より質の高い情報群」を社会に提供することで、優位性を築いている。インターネット黎明《れいめい》期からグーグルの登場まで、業界の主要技術は「情報処理」のスキルだった。検索エンジンに最先端の情報科学を持ち込んだグーグルは、インターネットのビジネスを一変させたのであ

る。技術力をもとにグーグルは、短期間（11年間）で売上高2兆円、純利益4000億円、従業員2万人の世界企業に成長した。逆に言えば、技術力を進化させるために、レベルの高い人材マネジメントの手法を機能させている。

今後、世界の人材市場は一部の優秀な人材をめぐって、グーグルのような1つの世界規模の企業による、世界レベルの争奪戦が繰り広げられることになるだろう。スポーツの世界で言えば、野球の大リーグと日本プロ野球、サッカーの欧州プロリーグとJリーグのような現象が、より顕著にビジネスの世界で起きるということだ。日本のトップ選手がメジャーや欧州リーグに挑戦するのは必ずしも報酬だけではない。世界最高峰の舞台でプレーする「喜び」や「やりがい」、トッププレーヤーとの真剣勝負で得られる「成長の実感」などに大きな価値を見出しているのだ。

価値観や目的、将来のキャリアビジョンが企業のビジョンや価値観と合致していたり、完全に一致しなくても同じ方向を向いていれば、人はその職場で働きがいを感じる。日本企業が一方的な人材流出を防ぎ、世界レベルの争奪戦に参入して人材を確保するには、グーグルのような**組織と個人のベクトルが同じ方向を向いた人材マネジメントの構築**を目ざさないと太刀打ちできないのではないだろうか。

組織はビジョン、経営理念、経営戦略に従う

グーグルのように国内外から優秀な人材を惹きつける人材マネジメントの構築にあたっては、ビジョン、経営理念、経営戦略との整合性をとることが重要である。ビジョンや経営理念に共感し、魅力を感じて入社した従業員にとって、理念と戦略、人材マネジメントの矛盾は「裏切り行為」にほかならない。モチベーションの著しい低下はもちろん、同僚の業務遂行を妨げるような行動に出る可能性も考えられる。

そもそも経営戦略とは、会社の存在意義（ビジョン・経営理念）を具現化させるために存在しており、一貫性がなければ成立しない。何度か言及しているが、「ビジョン（なりたい理想の姿）」は、企業が法人としてどんな企業になりたいかの頂点（理想）の姿を表わしたものだ。このビジョンから生まれるものが、創業者やその時々の経営者の「経営理念」であり、トップが考える企業の近未来の姿や、その経営者固有の経営哲学などを表わ

7-1 人材マネジメントのフレームワーク

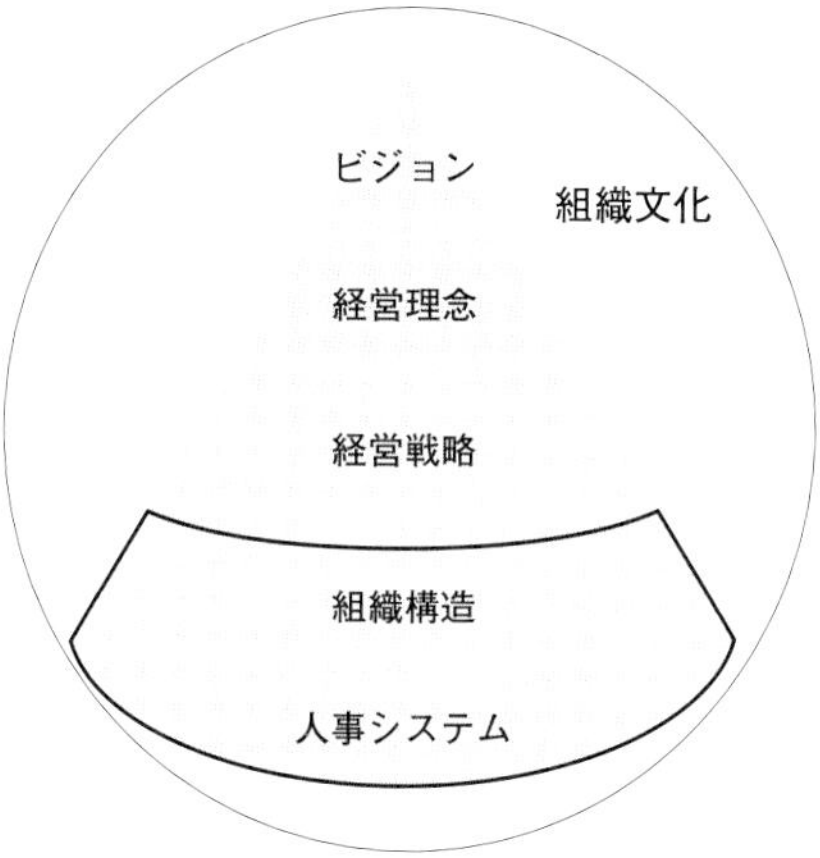

したものである（図7－1）。

ビジョン、経営理念に基づいて作られるのが、具体的な事業の方向性を示す「経営戦略」となる。どの顧客の、どのようなニーズをターゲットに、どのような製品・サービスを展開していくのかを決定し、表現したもので、個別具体的な数値目標が明記された中期経営計画や単年度の経営計画として提示される。

企業の組織構造、人事システムも実は、ビジョン、経営理念、経営戦略を実現するために最適なものとして設計されている。逆に言えば、これらに変更があった場合、組織構造や人事システムも変えるのが本来あるべき姿なのである。

たとえば、ファーストリテイリングと楽天は、次のような人材マネジメントのフレームワークで運営されている。いずれも、世界企業となるために、統一したコンセプトでそれぞれを連動させながら、事業を推進していることがわかる。また、両社がともに世界一を目指し、そのために社内公用語を英語化していることが特筆すべき点であろう。

ファーストリテイリング（ユニクロ）

・ビジョン――服を変え、常識を変え、世界を変えていく
・経営理念――服を通して、日本、世界中の人々の生活を豊かにしたい
・経営戦略――「2020年度・売上高5兆円・経常利益1兆円」の世界一のアパレル企業に成長させる
・人事システム――世界市場で戦っていくために、世界中の優れた力が必要。世界のどこにいても、ファーストリテイリングの世界中のポジションに応募できる。また、そのようなグローバリゼーションに対応するために社内言語を英語化する

楽天

・ビジョン——世界一のインターネット・サービス企業になる
・経営理念——インターネットを通じて世の中をエンパワーメントすることで、社会を変革し、世界を豊かにしていく
・経営戦略——27カ国・地域へと進出し、楽天グループの流通総額に占める海外比率を70%へ押し上げていく
・人事システム——成功するために必要なのは、強いサービスモデル、強いオペレーション、強い戦略、強い行動規範、そして強い技術を共有すること。その根底には一致団結できる強い組織を作り、情報共有をグローバル規模でも実施して、そのために社内公用語を英語化する

＊ファーストリテイリング、楽天ともに、それぞれのHPより抜粋し、項目は内容に応じて筆者のほうで設定した

人材マネジメントは個人レベルが出発点になる

人材マネジメントでは、管理者（部門長、部課長などのマネジャー・中間管理職）がどのような行動をとれば、**経営の最適化が実現できるか**を最重要視する。具体的には、図7－2のように「ヒト」を**①個人レベル、②集団レベル、③企業レベルから分析して管理する。**

個人レベルの管理では、とくに部下がやる気を出すモチベーション・行動要因に着目してほしい。ここでは上司として適切な行動をとるために知っておくべき4つの知識と行動実例を紹介する。

ヒトのパフォーマンスはモチベーションによって左右される。部下がどのモチベーションを重視するかは、個人によって異なるし、同一人物でも置かれた立場やその時の家庭状況などによっても変化する。

7-2 人材マネジメントとは

「ヒト」を①個人レベル、②集団レベル、③企業レベルから分析し、管理する。

①マズローの5つの欲求

個人に対する人材マネジメントの基本として、**「マズローの5つの欲求」**（図7－3）が1つの指標になる。

アメリカの心理学者であるアブラハム・マズローは、人間には**「生理的欲求」「安全の欲求」「帰属（愛情）の欲求」「尊重の欲求」「自己実現の欲求」**の5つの欲求があり、低次の生理的欲求が満たされると、より高次の欲求へと移行し、最高次は自己実現の欲求であるとしている（実際には、複数の欲求を満たすため、あくまで参考にとどめるのが正しい）。

「生活のために働く」というのは低次の生

7-3 マズローの5つの欲求

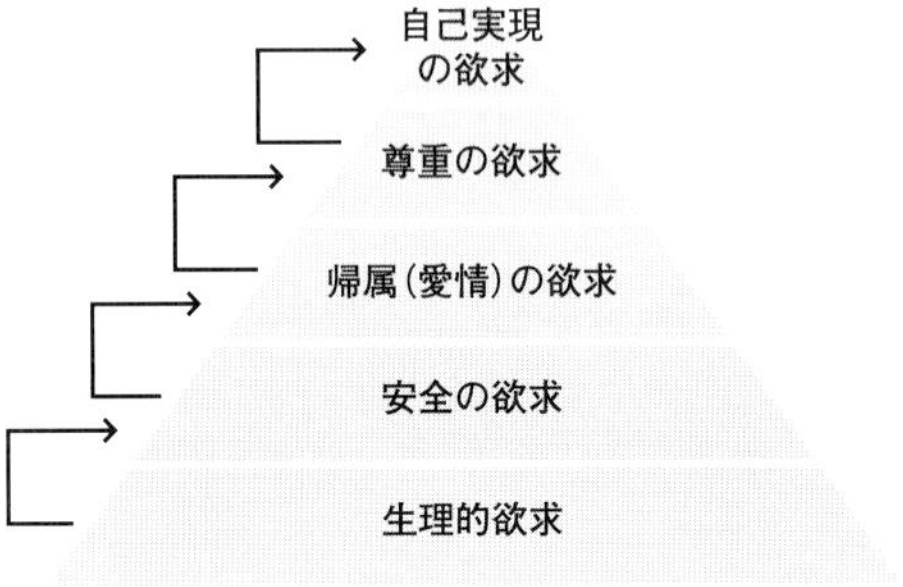

第5段階	自己の可能性を最大限に追求したい欲求
第4段階	他人から承認されたい、責任をもちたい欲求
第3段階	集団に属し、良好な人間関係を得ようとする欲求
第2段階	安全を得ようとする欲求
第1段階	食べる眠るなどの人間の基本的欲求

理的欲求だが、「難度の高い業務目標を達成して高い報酬を手にした」という仕事の達成感や、「結果を出して会社から表彰された」などの周囲の高評価は、より高次の尊重欲求が満たされるため、モチベーションに大きく影響すると考えられる。

②行動分析学

また、行動分析学では、人間は、ある言動の直後にプラスのこと（たとえば「ほめられる」）があるとその行為の頻度を増やし、一方で、マイナスなこと（たとえば「叱られる」）が発生するとその行為の頻度を減らす傾向がみられる。

多くの管理者は自分の行動の影響や、言

動の矛盾に気づいていない。たとえば、会議の席で部下が意見を言った直後に、上司が「君の意見は聞いていない」などと叱責したり、部下の意見をことごとく却下することが続けば、部下たちは意見があっても言わなくなるだろう。自らその状況を招いたにもかかわらず、アイデア会議で部下からの提案が出ないと「何も考えていないのか！」と怒り出す、といった行動をとった覚えはないだろうか。

より悪質なのは、部下の手柄をすべて自分のものにするケースである。部下の仕事がうまくいって部門長が評価したところで、部課長がさも自分がやったかのようにアピールする。直属の上司としては、自分のアドバイスや指導があったからこそ部下は結果を出せたと言いたいのかもしれない。それが事実なら、そのサポートした部分を部門長にアピールするにしても、大半は部下の手柄として報告すればいい。部下が努力して結果を出しても横取りされて評価されず、より高次の欲求が満たされない場合、部下のモチベーションは急激に下がっていく。

上司の仕事とは、チームの成果の最大化に尽きる。そのためには、当然のことだが、まず部下のモチベーションをどのようにすれば、最大化できるかを考え抜くことだ。自然と部下の手柄を最大限に評価することに答えは行き着く。

③エンパワーメント、④フロー体験

知っておくべき残りの2つは、「エンパワーメント」と「フロー体験」である。**エンパワーメントは文字通り、「力を与える」ことだ**。上司が業務目標を示す一方、その遂行方法については社員の自主的な判断に任せることを言う。ある仕事を与えられたときに、人は「不安だ」「楽しい」「つまらない」のいずれかの感情を抱く。どの感情を抱くかは、**仕事の「チャレンジ度合」と部下の「スキルレベル」の相関関係によって異なる**。

極端な例を挙げれば、戦略を考えたことがない新入社員に社運をかけた戦略を練らせることは、チャレンジ度合が高く、かつ社員のスキルレベルが低いため「不安」という感情を与える。プレッシャーに押し潰されて、精神的に参ってしまう可能性が高い。その失敗経験がトラウマになって、長く尾を引くことは会社にとって大きな損失でもある。

一方で、スキルレベルが高い人に任せると、**時間を忘れるほど集中するため（これをフロー体験と呼ぶ）**、高いアウトプットが期待できる。感覚としては、スポーツに打ち込んでいつのまにか日が暮れてしまったり、面白い本を読んでいるうちに夜が明けてしまうのと同じだ。「楽しくてもう一度やってみたい」と思い、フロー体験をした部下はその後の成長が早まる。

仕事のチャレンジ度合と部下のスキルレベルのギャップを見極め、目的を適切に設定することが上司に求められる人材マネジメントでもある。

第1章でも触れた通り（ビジネスで結果を出す方法）、人材マネジメントでも同様に、現状100の力があるなら、少し上の120の仕事の目標を設定して、できるだけ自力で小さな成功体験を積んでもらう。次は、140の結果を出し、160、180、200の結果を出す成功体験を積み上げていく。このような堅実な成功を続けてスキルレベルが十分に上がれば、今度はレバレッジ（てこの原理）を効かせて500、1000の仕事にトライさせる方向に舵をきる。

グーグルの人材マネジメントの根底にあるのは、「ヒト」を信頼し、リスペクトする、という考え方である。技術系社員のみならず、一般社員にまで、基本的にすべてのスタッフの人間性を信頼し尊重することと、自己実現のための場を提供することで、人間のもっとも高い欲求である「自己実現の欲求」を満たして、人的資源の能力・価値の最大化を図ろうとしているのだ。

個人レベルの人材マネジメントでは、次のような特徴がある。

・エンジニア1人ひとりが「社長」として行動すること
・エンジニアが最高の力を発揮できるような「エンジニア天国」となっていること
・製品が顧客に喜ばれ、株式やストックオプションなどの報償が整っていること

これらが社員のモチベーションのアップなどにつながって、高度な行動の質をキープできる要因となっている。

たとえば、グーグルのエンジニアは、自分が何をやるべきかを考える風土のなかで、意思決定も委ねられている。「そのテーマに最もpassion（情熱）を持っている人がcommit（全力で貢献する）すべき」カルチャーなので、個々のエンジニアがやりたいプロジェクトを提案し、プロジェクトチームを立ち上げ、実行に移していく。言行一致というか、このようなエンジニア主体の会社は、実際にそう多くは存在しない。

チーム（集団）レベルの人材マネジメント 5つの段階

①集団の発展段階

チームレベルの人材マネジメントでは、管理者が集団（チーム）の発展段階を把握することから始まる。商品にライフサイクルがあるように、**集団は「形成期」「激動期」「規範形成期」「実現期」「終了期」**という各段階がある。管理者はそれぞれのフェーズを踏まえた指導法を考え、いかに集団をリードしていくかを決断して実践しなければならない。

・「形成期」――集団が結成される（メンバーを束ねるため、ビジョンを語ることや強いリーダーシップが必要）
・「激動期」――議論、緊張、衝突が生まれる（メンバーのチームワークを醸成するため

に明確なルールを示すことなどが必要）

・「規範形成期」――構成員が規範を作り出す（メンバーのコラボレーションを醸成するためにファシリテーションが必要）

・「実現期」――集団として機能する（メンバーを前面に押し出して、自らはチームを緩やかにまとめるようなサーバントリーダーシップが必要）

・「終了期」――集団が解散していく（問題なく徐々にフェイドアウトさせるようなリーダーシップが必要）

②コミュニケーション

集団の各段階において、管理者が必ず確認すべきは、部下の理解度である。コミュニケーションは相手が理解して初めて成立する。この基本をないがしろにしているビジネスパーソンは意外と少なくない。

部下が自分の指示内容を理解しているかを確認する際に、「わかりましたか？」と聞くのは賢明な確認方法とは言えない。部下としては、上司に「わかりません」と言いづらいため、理解度が低くても「わかりました」と答えることが往々にしてあるからだ。「何か質問はありませんか？」と尋ねて、「ありません」と即答するときも完全に理解していない可能性が高い。

コミュニケーションギャップを避ける聞き方のテクニックとして、相手にすでに指示したことを話してもらうことで、理解度を確認することができる。相手が自分なりのたとえ話で返してその内容が合っていたら、正確に理解していると考えてよい。

③プロジェクトマネジメント

社内のチーム・マネジメントには、組織上の担当部署以外にプロジェクトマネジメントがある。米国の研究によると、**「大半のチームは期限の半分が過ぎてからパフォーマンスが急に上がる」**ということがわかっている。

たとえば、20日間のプロジェクトの場合、10日目以降にパフォーマンスが急上昇する。反面、それまでのパフォーマンスは低い。管理者（プロジェクトマネジャー）は、プロジェクトチームのパフォーマンスの特性を理解したうえで、終了期限を設定することが重要である。

リーダーの役割は「チームの成果の最大化」

④ 4つのタイプのチーム

組織上とプロジェクトチームの両方に言えることだが、「仲のよいチームづくりが重要だ」という認識は必ずしも正しくない。管理者（プロジェクトマネジャー）はそれだけでは足りないことを認識しておく必要がある。

ある研究結果によると、**「仲がよく」て「チームのメンバーが周りに求める仕事の質が高い」チームのパフォーマンスが一番高く**、「仲はよい」が「周りに求める仕事の質が低い」チームのパフォーマンスが一番低かったと結論づけている。そのほかの組み合わせが、パフォーマンスの高さで2つの間に入る。仕事に対する厳しさの足りない仲よしチームは、低きに流される、なあなあの関係になりがちということだ。

7-4 SL理論

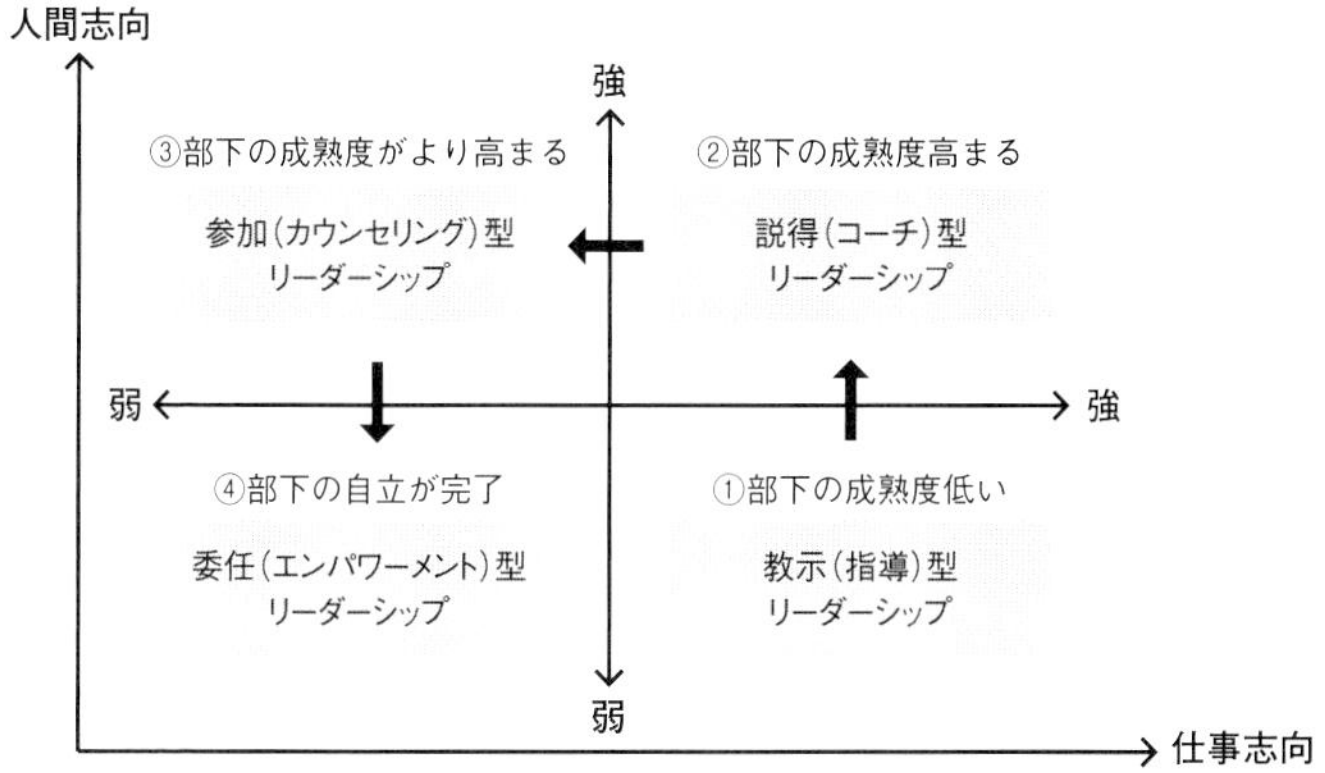

⑤SL理論

そして集団をマネジメントするリーダー次第で会社は大きく変わる可能性を秘めている。幹部候補である部門長から部課長クラスのリーダーの役割は、チーム全体のパフォーマンスを高めながら、自分に代わって担当チームを任せられるリーダー人材を早期に1人でも多く育てなければならない。

担当業務の権限委譲を進める際には、**「SL理論」**（Situational Leadership：1977年に米国のハーシィとブランチャードが提唱したリーダーシップ条件適応理論）が役に立つ。部下の成熟度が低いときは教示（指導）型リーダーシップを発揮し、成熟度が高まるにつれて説得（コーチ）型リーダーシップ、参加（カウンセリング）型リーダーシップへ移行し、委任（エンパワーメント）型リーダーシップで部下の自立が完了する。

①教示（指導）型リーダーシップ（成熟度の低い部下の場合）
↓ 具体的に指示し、行動を促す
↓ 仕事志向が高く、人間志向の低いリーダーシップ
↓ 部下の成熟度：未成熟

②説得（コーチ）型リーダーシップ（部下が成熟度を高めてきた場合）
↓ こちらの考えを説明し、疑問に答える
↓ 仕事志向・人間志向ともに高いリーダーシップ
↓ 部下の成熟度：やや未成熟

③参加（カウンセリング）型リーダーシップ（部下がさらに成熟度を高めてきた場合）

↓自立性を促すため激励したり、考えを合わせ環境を整備する
↓仕事志向が低く、人間志向の高いリーダーシップ
↓部下の成熟度：やや成熟

④委任（エンパワーメント）型リーダーシップ（部下が完全に自立性を高めてきた場合）
↓権限や責任を委譲する
↓仕事志向・人間志向ともに最小限のリーダーシップ
↓部下の成熟度：成熟

このように部下の成熟度によって、リーダーシップにおける「仕事志向」と「人間志向」のウエイトは変わる。いずれにしても、リーダーのマネジメントにより、優秀な部下がリーダーとなる礎となる。つまり、**リーダー次第で、会社の人材は成長することができる。**

グーグルでは、次のようなイノベーションを生むチームマネジメントがあるため、企業の力を最大化することにつながっている。

・すべての情報が基本的にオープンで、エンジニア・スタッフが共有できる仕組みが整っていること
・20％の時間を自由研究に使うこと（20％ルール）で、絶えず新規開発のアイデアが生まれる仕組みになっていること

たとえば、Google Wave（電子メールやＳＮＳが一体となったサービス）は、Googleの貴重な資産であるGmailを、ある意味破壊するイノベーションだ。そのような技術が毎日のように生まれ，社内での実験使用を経た後に、正式サービスへと淘汰・進化していく仕組みだ。

優秀なエンジニアをチームとして束ね、潤滑油としての役割を担うのが、ＰＭ（プロジェクト・マネジャー）だ。しかし、グーグルのＰＭは、普通の企業のそれとは違い、黒子的な性質を持つ。前述したように、グーグルではあくまでエンジニアが主体（主役）であり、ＰＭはプロジェクトの財務資源の手当てなどを担う。むしろＰＭはエンジニアから、どのＰＭを使えばプロジェクトの資金を呼び込みやすいかなどと、選別される立場にあり、互いがよい緊張感で仕事を進められる仕組みになっている。

組織レベルの人材マネジメント 4つの分析

組織レベルの人材マネジメントでは、次の4つをを分析して管理する。

①組織文化
②組織設計
③組織形態
④組織学習

①組織文化

組織文化とは、組織の構成員が共有している価値観、理念、思い込み、およびそれらを反映した行動様式、規範、仕事のやり方、スタイルなど、その企業固有の要素から成り立つ複合的で全体的なものを言う。意思決定や行動の迅速化、従業員の行動をある程度コントロールすることができる。組織のバリューを従業員で定め、朝礼などで浸透させられるかどうかで、文化が形作られてくる。たとえば、ウォルマート、リクルート、ディズニーランドを例に見てほしい。

効率重視・コスト重視の文化　～ウォルマート～

世界最大の小売業ウォルマートは「ＥＤＬＰ（エブリデー・ロープライス）」という経営戦略を掲げ、どの商品も地域で一番安く販売し、しかもつねにその低価格を維持することを顧客に約束している。情報システムに大規模な投資を続ける一方で、ＥＤＬＰの実現に寄与しないコストは徹底的にカットされる。従業員の待遇や福利厚生も決して高レベルとは言えず、本社は豪華な建物とも無縁で現在も米アーカンソー州に置かれたままである。

自発的な事業創造の文化　～リクルート～

日本有数の人材輩出企業として知られるリクルートでは、創業者の江副浩正氏が提唱・実践した「社員皆経営者主義」のＤＮＡが連綿と受け継がれ組織文化として定着している。

多くの社員は「定年まで会社に残ろうと思っていない」し、会社も意図的に独立起業意欲の高い人材を採用している。年齢給を排した能力・成果主義の賃金制度や、現場（チーム）への権限委譲、社員の独立起業、転職を促す社内制度などがDNAの継承を支えている。

顧客満足重視の文化 ～ディズニーランド～

顧客満足度を高めることでリピーターとクチコミを増やすディズニーランドでは、従業員（キャスト）教育に注力し、この文化を大切に守り抜いている。全従業員には、Safety（安全）、Courtesy（礼儀正しさ）、Show（ショー）、Efficiency（効率）の頭文字をとった「SCSE」という、顧客（ゲスト）に最高のサービスを提供するための行動・判断基準が教え込まれ、SCSEを体現している人材が高く評価される。

これらの組織文化はよく知られており、人材マネジメントは組織文化の形成・継承と密接に関連している。組織文化が形成され、「あそこは○○な会社だ」と広く一般に認知されるようになると、その文化・価値観に合わない人はそもそも入社してこないという大きな効用などもある。

②組織設計

個々の業務をどのように組み合わせ、どのように行なうかを決定するのが組織設計である。多くの組織では、大きく**「戦略」**と**「ルーティンワーク」**という2つの仕事があるが、管理者はその割合をいかにコントロールして個人、チーム、組織のモチベーションを高めるかが問われる。

日本企業では往々にして、上の者が戦略を、下の者がルーティンワークをこなすという分業が推奨されているが、業務の創造性が乏しいルーティンワークだけでは仕事の達成感や成長の実感を得られないため、モチベーションが低下してしまう。

③組織形態

組織の役割として誰が意思決定するのか、情報はどう流れるのか、構成員を動機づける要因は何かといった問題を組織形態によって解決する。機能別組織・事業部組織・マトリクス組織など、さまざまな組織形態を知り、自社の戦略に一番適合している形態を選ぶことが重要になる。

7-5 組織構造の違い

機能別組織

・機能ごとの専門を作りやすいが、大きな意思決定に時間が掛かる

事業部別組織

・利益責任は明確になるが、全体的業務遂行の効率が悪くなりがち

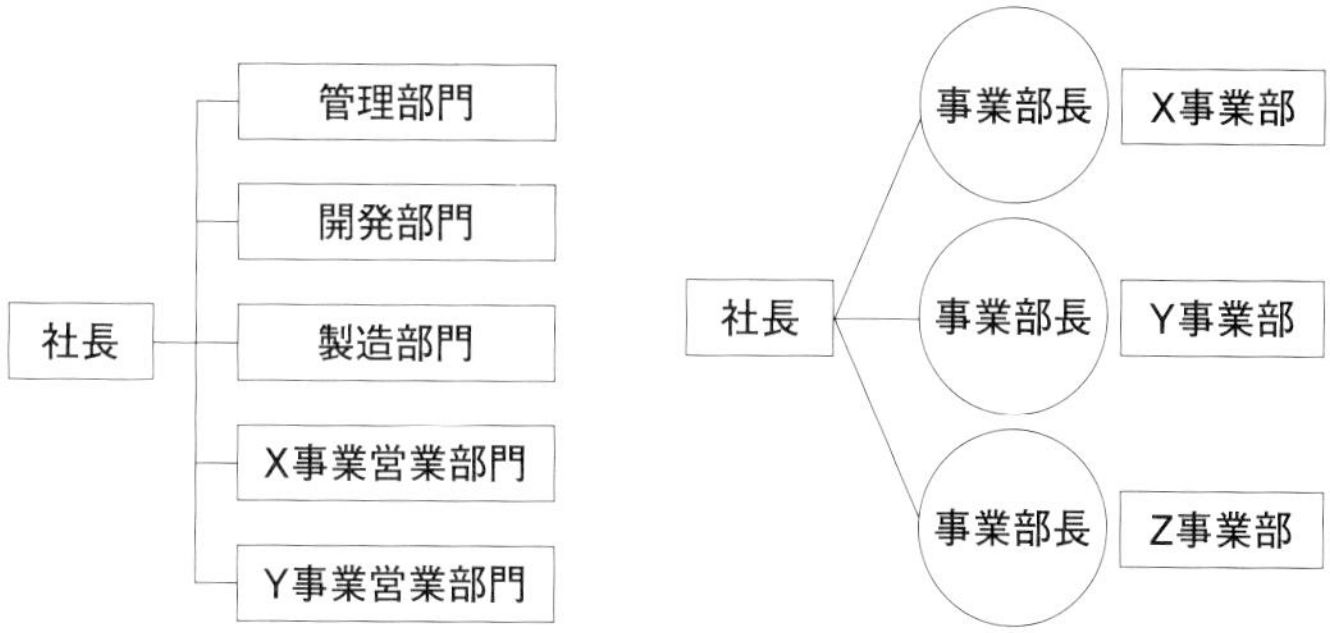

企業の組織構造は**「機能別組織」**と**「事業別組織」**に大別され、アメリカの経営史学者A・D・チャンドラーは**「組織は戦略に従う」**と著書で述べ、多角化戦略をとる企業の組織構造は、機能別組織から事業別組織へ移行すると指摘した。

機能別組織は機能ごとの専門を作りやすいが、大きな意思決定に時間が掛かる。事業別組織では、利益責任は明確になるが、全体的業務遂行の効率が悪化しやすい、というメリット・デメリットがある。

④組織学習

先の読めない不確実性の時代に対応でき

る、最もレベルの高い組織とは、**「自ら学んで問題提起をし、たえず改善を繰り返しながら自ら発展していく組織」**である。

このように自己だけではなく、組織全体が変革していく能力を備えた企業は、日本ではなかなか育たない。なぜなら、自ら学習する組織は、変化に対応し、自己変革していく機能を備えているが、いわゆる日本的な企業は保守的であるため、自ら変わる能力に乏しいからだ。

そのためには**「ダブルループ・ラーニング」**や**「5つのディシプリン」**を組織に浸透させることから始まる。組織に浸透・定着するには多くの時間が掛かり、また組織の規模によっては浸透する時間と方法が異なるため調整が必要になる。

「ダブルループ・ラーニング」とは、問題に対して、既存の目的や前提そのものを疑い、それらも含めて軌道修正を行なうことである。

5つのディシプリンとは、次のものを指す。①自己実現・自己研鑽、②メンタル・モデル、③共有ビジョン、④チーム学習、⑤システム思考。これらは「自ら学習する組織」を実現するための要素となる。

グーグルの「ダブルループ・ラーニング」の例として次のようなものがある。まず、その前提として、現時点でのグーグルの課題の1つは、収入は検索広告収入がほとんどという点である。

そこで次の戦略として、広告収入の多角化を進めるべきとなり、YouTubeを買収し、ビデオ広告収入を増やそうとしていることは記憶に新しい。しかし、そこで、そのようなシンプルな思考（シングルループ・ラーニング）を疑い、「待てよ？」と考えるのがダブルループ・ラーニングの考え方だ。

そのグーグルの課題をあらためて洗い出すと、たとえば、「広告の質、イメージをもっと高めること」（ダブルループ・ラーニング）という、考えもある。YouTubeには、実は違法ビデオなどが投稿されている可能性があり、海賊版のコピーライトなども考えれば、広告に腰が引けるスポンサーも多いという。その一方で、伸長著しいフェイスブックは、友だちが「いいね」と言うことによって、広告の質とイメージを高めることに成功している。グーグルはそこへの対抗策をとることが、課題の解決につながる、という考え方もできるかもしれない。このような思考をサポートするものが、ダブルループ・ラーニングだ。

また、「5つのディシプリン」で言えば、グーグルは、①自己実現・自己研鑽をしやすい環境にある（1人ひとりが社長、事業アイデアなどの社内発表の機会が多い）。②メンタル・モデル（形式にとらわれずに実質を最優先する企業文化があるので、固定観念が通用しない環境）や、③共有ビジョン（世界中の情報を整理し、世界中の人々がアクセスできて使えるようにすること）も明確である。④チーム学習という面でも、「20％ルール」でアイデアが生まれ、賛同者が集まってプロジェクトがスタートする。チームとしての成果が最大化されなければ評価されないシステムによって、自ずとチーム学習の仕組みが出来上がる。そして、⑤システム思考（さまざまな要素が複雑に関連し合っている問題の全体状況と相互関係を明らかにすること）によって、問題解決の技法が社内の全体ミーティングやライブラリーなどを通して共有され、「自ら学び、発展する組織」を見事に形成している。

グーグルの人材マネジメントの根底にあるのは「社員がすべて」

業界のトップとしてのプレゼンスだけでなく、アカデミックな雰囲気と多国籍な人員構成、エンジニアの資格・階層などを基本的に設けない思想、豊かな「遊び心」がグーグルにはある。エンジニアにパワーがあり、自由なコミュニケーションを保証しているなど、グーグルならではの文化や仕組みが維持されてこそ、ＩＴ業界のリーディング・カンパニーとして成長し続けることができる。実際に、ラリー・ペイジ社長は次のように語っている。

「Googleにとっては、社員がすべてです。当社には、ひとりひとりの社員が貢献、成長できる場があります。Googleに、そして世界に貢献する優秀な努力家たちが、きちんと報われる環境を提供し続けたいと思っています」

ここにも、グーグルが「ヒト」に対して、限りないリスペクトの念を持っていることが表われている。

また、「グーグルで働く10の理由」として、次のような項目を掲げている。なかでも、④⑥⑨はグーグルならではのものであり、社員満足度が高いリッツカールトンやディズニーランドもかなわない部分ではないだろうか。

①世界中の人々のために
②人生をちょっとだけ充実させることができます
③やる気を尊重する環境を提供します
④仕事と遊びは両立すべきです
⑤社員を誇りに思っています
⑥革新は Google のDNA
⑦異なった背景や文化を持つ仲間たちと仕事ができます
⑧グローバルな視点が得られます
⑨まだだれも足を踏み入れたことのないことを体験できます
⑩より働きやすい環境をと、食事も無料で提供します

しかし、グーグルの天下がどこまで続くかは予断を許さない。オープンで自由な組織体は成長するときは早いが、いったん歯車が狂い出すと瓦解するのも早いからだ。現在の「一人勝ち」状態ではなくなったときに、どのような組織に変貌するのか。ほかにより魅力的な企業が現われたら、エンジニアの流出は止められないかもしれない。経営者が何人か交代して、それまでの自由な組織文化を維持するのは簡単ではないと思われる。

同時に、IT業界は、インターネット端末の主役がパソコンからスマートフォン、タブレット端末に移るという10、20年に一度の変革期を迎えている。マイクロソフト、ヤフーも、時代の変化の中で主役の座を明け渡しつつある。

もし、あなたがグーグルの経営者だったらどうするだろうか。やや抽象的な表現になるが、私ならたとえば、社会の「情報」というインフラを押さえて、コントロールできるようにする。その**「情報（インフォメーション）」**を**「知識（ナレッジ）」**に高めていく。さらには、**「知性（インテリジェンス）」**にまで高めるメディアとなるビジョン・戦略を掲げるだろう。

グーグルが世の中のあらゆる情報を知性にまで高めて発信するメディアとなるために

は、今よりもさらにインテリジェンスにあふれる人材が世界中から集まり、彼らが切磋琢磨しながら思う存分、革新的なサービス（ビジネス）を生み出せる新たな人材マネジメントが必要になる。

実際のビジネスにおいて、また経営理論を指導している立場として、私のこれまでの軌跡を振り返って思うことは1つ。「人は1人では何もできない。だからこそ、チームワークがすべて」ということだ。しかし、どのチームも、これまで述べているように、仕事の内容、求める結果のレベル、メンバーの相性、置かれているステージやタイミングなど複雑な要素が絡むので、同じチームは未来永劫存在しない。

リーダーには、そのなかでどうすれば最高のパフォーマンスを出すことができるかを考え抜き、実行することが求められる。最後はやはり、**「信頼」**と**「尊重」**が最も重要になる。この2つが時代、条件、環境などが変わっても、人を動かす最も強力なエンジンとして機能するからだ。

おわりに

現在、私は経営理論を学ぶ立場から、教える立場になった。私が主催するスクールで実施している「ベーシックＭＢＡプログラム」の生徒には、海外のＭＢＡを取るための足掛かりにしたいという人から、企業に所属しエンジニアとしてバリバリ活躍している人、会社を辞めて独立するための基礎固めにしたいという人、ＯＬをしていて「このままでいいのか？」とキャリアを見つめ直したい人まで、さまざまである。

経営理論を学んだ後に聞く声は、おおむねみな同じである。「これまで見えなかった経営の核となる部分がとらえられるようになった」「ケーススタディを通してチームで議論したことで、自分にはなかった視座が得られた」「ＭＢＡで培った思考によって、仕事ではもちろん、人生の大切な場面でも自信をもって判断できるようになった」など。もちろん、すぐに変わることばかりではないが、０と１では大きく違うのは確かである。

最後に、これから新たな第一歩を踏み出す読者の方に、ある１つの言葉を贈りたい。

「あなた自身のルビコン川を渡ってほしい」

「ルビコン川を渡る」とは、ローマ帝国時代のカエサルの例にちなんで、以後の運命を決め、後戻りのできないような、重大な決断と行動をすることのたとえとして用いられている。リスクをとることには勇気がいるが、その勇気をもってある一線を乗り越えなければ、得られない「結果」もある。未来は誰にも見えないが、果敢に挑戦する勇気と覚悟を持って歩んでほしい。

このようなサラリーマン時代にはなかったやりがいを感じている、現在のマネジメント教育や人材開発の仕事を自分ができているのも、ひとえに周りの方々のサポートのおかげである。創業からずっと、私が経営する株式会社ビジョンを支え続けてくれている「三本の矢」の古野優子氏と石田恭規氏に感謝したい。とくに石田氏は、「ベーシックMBAプログラム」を立ち上げた功労者だ。私どもの講師の山本利彦氏や渡邉光太郎氏にも感謝したい。また、ビジョンの受講生や株主の方々にも多大なる感謝をしたい。そして、創業時からのパートナーであるビジネス・ブレークスルーの大前研一社長、伊藤泰史氏、徳永裕司氏、若林計志氏にも、厚くお礼申し上げたい。この書籍の制作・編集には、日本実業出版社の川上聡氏とハッピー・ビジネスの清水泰氏に大変お世話になった。あらためてお礼申し上げたい。何より、本書を読まれた方々が、経営理論を使いこなして成功されることを願ってやまない。

参考文献

『新訂　競争の戦略』（M・E・ポーター著、土岐坤、中辻萬治、服部照夫訳／ダイヤモンド社）

『ブルー・オーシャン戦略　競争のない世界を創造する』（W・チャン・キム、レネ・モボルニュ著、有賀裕子訳／ランダムハウス講談社）

『プラットフォーム戦略』（平野敦士カール、アンドレイ・ハギウ著／東洋経済新報社）

『マネジメント　基本と原則』（P・F・ドラッカー著、上田惇生編訳／ダイヤモンド社）

『実践するドラッカー【思考編】』（佐藤等編著、上田惇生監修／ダイヤモンド社）

『MBAが会社を滅ぼす マネジャーの正しい育て方』（ヘンリー・ミンツバーグ著、池村千秋翻訳／日経BP社）

『星野リゾートの教科書 サービスと利益 両立の法則』（中沢康彦著／日経BP社）

『一勝九敗』（柳井正著／新潮社）

『成功は一日で捨て去れ』（柳井正著／新潮社）

『柳井正　わがドラッカー流経営論』（NHK「仕事学のすすめ」制作班・編／日本放送出版協会）

『スティーブ・ジョブズ Ⅰ』『スティーブ・ジョブズⅡ』(ウォルター・アイザックソン著、井口耕二訳／講談社)

『スティーブ・ジョブズ　失敗を勝利に変える底力』（竹内一正著／PHP研究所）

『すべては、消費者のために。—P＆Gのマーケティングで学んだこと。』（和田浩子著／トランスワールドジャパン）

『成功の法則92ヶ条』（三木谷浩史著／幻冬舎）

『成功のコンセプト』（三木谷浩史著／幻冬舎）

『決算書がスラスラわかる 財務3表一体理解法』（國貞克則著／朝日新聞出版）

『財務3表一体分析法「経営」がわかる決算書の読み方』（國貞克則著／朝日新聞出版）

『アサヒビール大逆転 男たちの決断』（大下英治著／講談社）

『グーグル　ネット覇者の真実　追われる立場から追う立場へ』（スティーブン・レヴィ著、仲達志、池村千秋訳／阪急コミュニケーションズ）

『フィールドブック 学習する組織「5つの能力」』（ピーター・センゲ著、柴田昌治＋スコラコンサルタント監訳、牧野元三訳／日本経済新聞社）

『ダイアローグ 対話する組織』（中原淳、長岡建著／ダイヤモンド社）

『グロービスMBAファイナンス』（グロービス経営大学院著／ダイヤモンド社）

『[新版] MBAクリティカル・シンキング』（グロービス・マネジメント・インスティテュート著／ダイヤモンド社）

『グロービスMBAマネジメント・ブック【改訂3版】』（グロービス経営大学院著／ダイヤモンド社）

『MBAリーダーシップ』（グロービス・マネジメント・インスティテュート著、大中忠夫監修／ダイヤモンド社）

『グロービスMBA　組織と人材マネジメント』（グロービス経営大学院著、佐藤剛監修／ダイヤモンド社）

津崎盛久（つざき　もりひさ）

株式会社ビジョン 代表取締役。1959年福岡県福岡市生まれ。一橋大学経済学部卒業後、三菱商事に入社。英国立レスター大学MBA取得。約20年間の商社マン時代には、とくにインドネシアではマーケティング・販売統括担当として国際自動車ビジネスに携わり、トップクラスのシェアを獲得する。その後、大前研一氏が主宰するビジネス・ブレークスルーの執行役員（豪Bond大学MBA統括担当）として、同MBAを日本最大級のプログラムに育て上げる。2004年にマネジメント教育を中心としたビジョン、津崎スクールを設立。六本木アカデミーヒルズなどで経営理論の講義を多数手がける。著書に『花屋のMBA』『絶対にぶれない自分のつくり方』（グラフ社）がある。

株式会社ビジョン
http://www.v-i-sion.com/

道具《どうぐ》としての経営理論《けいえいりろん》

2012年3月10日　初版発行

著　者　津崎盛久

発行者　杉本淳一

発行所　株式会社日本実業出版社　東京都文京区本郷3－2－12　〒113-0033
大阪市北区西天満6－8－1　〒530-0047

編集部　☎03－3814－5651
営業部　☎03－3814－5161　振　替　00170－1－25349
http://www.njg.co.jp/

印刷／壮光舎　製本／若林製本

ISBN 978-4-534-04932-2　Printed in JAPAN

日本実業出版社の本

下記の価格は消費税(5%)を含む金額です。

ドラッカー、ポーター、コトラーから、
「ブルー・オーシャン」「イノベーション」まで

最強の「ビジネス理論」集中講義

安部徹也 著
定価 1575円(税込)

ドラッカー教授の「ミッションとビジョン」「環境戦略」「全社戦略」、ポーター教授の「事業戦略」、コトラー教授の「マーケティング戦略」など、各理論を第一人者の教授自身が"講義形式"で解説。リアル企業の実例を示しながら、わかりやすく説明します。

アダム・スミス、リカード、マルクス、マーシャルから、
シュンペーター、ケインズ、フリードマンまで

最強の「経済理論」集中講義

藤田康範 著
定価 1575円(税込)

アダム・スミスからフリードマンまで、「最強」の経済学者7人の代表的著作をもとに、経済学のエッセンスをコンパクトに凝縮。「なぜ働いても豊かになれないのか」をテーマに、各教授が"講義形式"で説明しているので、初学者でもすらすら読めて理解できます。

6つの戦略で勝ち続ける

経営戦略　パーフェクトセオリー

手塚貞治 著
定価 2100円(税込)

1つの経営戦略だけに頼るから失敗する! ポーター、ブルー・オーシャン、経営計画、コアコンピタンス、ビジョン、ミンツバーグ、カイゼン、知的創造理論など、"すべて"の経営戦略のメリット・デメリットを俯瞰したうえで、完璧な打ち手を実現するための1冊。

定価変更の場合はご了承ください。